ELIM DEMIDOFF

Points de Repère

ÉDITIONS GEORGES CRÈS ET Cie

21, RUE HAUTEFEUILLE, PARIS

5, RAMISTRASSE, ZURICH

MCMXIX

Points de Repère

8°R

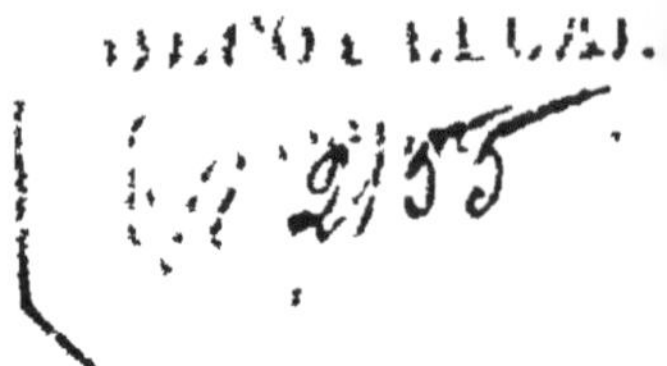

ELIM DEMIDOFF

Points de Repère

ÉDITIONS GEORGES CRÈS ET Cie
21, RUE HAUTEFEUILLE, PARIS
5, RAMISTRASSE, ZURICH

—

MCMXIX

AVANT-PROPOS

> « It is through disobedience that progress has been made; yes, through disobedience and rebellion. »
>
> O. W.

On ne doit point s'attendre, des lignes qui vont suivre, à quelque traité de philosophie ou à un exposé méthodique de certains problèmes que cherche à résoudre de temps immémorial, — et ne résoudra sans doute jamais — l'esprit humain. Que le lecteur nous prête indulgence et n'y voie qu'un honnête appel à la réalité, non pas à cette réalité au sein de laquelle on se complaît, tout en la condamnant, mais à la Réalité-force, à la Réalité-joie. Sous forme d'épanchements discrets, nous avons voulu verser une goutte de cordial dans la coupe de nos impossibles rêves et de nos illusions creuses. Toute l'infortune des hommes, a dit Pascal, provient de ce qu'ils ne savent se tenir tranquilles dans une chambre. L'aphorisme est d'une vérité déconcertante. Les uns, en effet, se soucient trop de la Mort, les autres calomnient trop la Vie; ils se lamentent en des effrois futiles ou s'incitent à la course éperdue des affaires et des plaisirs factices. Tous arpentent leur chambre avec une anxiété perpétuelle qui exclut le salutaire repos. Il en résulte un trouble moral, un désordre psychique qui, venant s'ajouter à des tourments voulus, provoque, en fin de compte, cette indifférence pour la Vérité et cet attrait de la trivialité qui sont les signes distinctifs d'une Pensée déchue. A la volonté de l'homme il appartient pleinement de repousser un désœuvrement qui n'a de l'activité que les vaines apparences.

Aussi bien, qu'il s'agisse de religion ou de morale, d'art, de science ou de politique, envisager trop sérieusement les choses, c'est généralement prêter trop d'importance à soi-même et, partant, manquer à la dignité. Lorsqu'on s'élève à certaines altitudes, le sérieux se rapetisse en proportion de toutes les choses de la terre; on devrait plus souvent se le redire. Car on veut se créer des liens inutiles ou des devoirs factices afin de mettre en évidence la valeur douteuse de l'effort employé et pour obtenir des résultats qu'on estime trop volontiers conformes à ses prévisions. L'homme s'agite dans le vide avec une persistance aussi peu méritoire que l'insuccès qui l'accompagne en est mérité. Il prend plaisir à son inactive activité. Eh, qu'importe, dira-t-on, puisqu'il ne s'aperçoit guère de la faillite de ses entreprises?

« Sauve ton âme! » est l'appel de ralliement de trop de monde; c'est à force de tant vouloir la sauver qu'on la perd sans retour et qu'on la relègue définitivement à l'arrière-plan. Les prétendus périls qui l'environnent sont mille fois moins à craindre que les bienfaits qu'on cherche à lui imposer.

L'indépendance de l'âme vaut toutes les charités et comprend toutes les renonciations. Il est une chose, toutefois, qu'elle ne saurait admettre, — et cela seul est sérieux, — c'est la violation de son domicile; la porte de l'âme doit demeurer close à tout message qui ne serait point celui de la Pensée. Il n'y a pas d'autre condition au perfectionnement.

On dit que deux grands mobiles déterminent le cours des actions humaines: la recherche du plaisir et l'aversion de la douleur. Pour peu que la Pensée communique librement avec l'Ame, il est en notre pouvoir de modifier sensiblement, — nous dirons presque d'intervertir — cette formule trop aisément adoptée. Nous subissons avec inconscience et soumission une fausse interprétation des réalités; dans le contact entre la Pensée et l'Ame il y a court-circuit.

C'est un geste possible et point trop difficile que celui d'accueillir avec égale bienveillance et souriante courtoisie le plaisir qui se donne et la douleur qui s'impose, car trop souvent on oublie que la souffrance n'est qu'une forme incomprise de la joie. L'humanité ne doit-elle pas, d'ailleurs, à la douleur intense le sacrifice des plus grands de ses fils et des inspirations dont les sublimes accents n'ont jamais été égalés sous l'incitation du plaisir? Quelle moisson de volupté la douleur n'a-t-elle su récolter! Il y a de la douleur au désespoir, a dit Maeterlinck, un long chemin que la sagesse n'a jamais parcouru. Il y a, dirons-nous, de la douleur à la joie un chemin de traverse que la Pensée peut à chaque instant parcourir. Pour notre malheur, la Pensée, aveuglée par les rayons éblouissants du jour, se repose mollement sur le tapis des lumineuses clairières et s'assoupit, alors que monte déjà du ravin l'ombre crépusculaire du Soir. Et, prise à l'improviste, elle frissonne d'un incurable mal...

Gardons-nous bien, d'une part, d'envisager la Réalité sous les aspects de quelque tyrannie odieuse, infligée aux hommes par une divinité vengeresse; abstenons-nous, de l'autre, d'en concevoir le sens à la lumière d'une tendresse ineffable; ses rigueurs ou sa sollicitude ne sont que les reflets de nos craintes ou de nos faiblesses. Et l'indifférence profonde que manifeste à notre égard le destin est un matériel non seulement utilisable, mais précieux. Elle est la garantie de notre indépendance et de notre individualité. Dans l'officine de l'Ame, sur la toile uniforme et grise, la Pensée vivante peut esquisser à loisir ses perspectives claires. Car les couleurs seront siennes, et siennes les tonalités. La toile ne vaudra que par l'effort azuré que la Pensée y aura appliqué.

La Réalité est la plénitude méconnue de nos propres richesses. Puissance d'amour, volonté de justice, soif de toléranee, souffrance créatrice, joies imaginatives, — tous ces trésors amassés en nous par l'effet de longues hérédités qui se réveillent au flambeau de l'Esprit, se font réalité si nous le voulons bien; si nous les négligeons tout n'est que fumée. Beati possidentes! *Chaque idée qui nous visite, chaque objet qui nous entoure, chaque peine qui nous étreint sont autant de ressources, dont la valeur nous échappe. Toute chose a ses attributs propres, susceptibles de s'harmoniser avec notre pensée ou nos sentiments. Introduisons-les donc ces sympathisants effluves dans la demeure ancestrale de notre âme, non pas comme de misérables gueux par l'entrée du vulgaire, mais tels des hôtes de distinction, par la cour d'honneur et les bras tendus vers eux. On ne se repentira jamais d'un geste naturel et accueillant. Soyons persuadés que le plus simple des hommes, l'objet le plus futile ou l'idée la plus frivole possèdent l'intérêt vivace que nous voulons leur découvrir, et songeons qu'à l'aide de la Pensée en éveil, chaque minute nous offre son apport de beauté.*

Au surplus, il faut sincèrement se pénétrer du présent et y croire, car cette foi en l'actuel implique un état d'âme plus élevé, peut-être, et autrement fécond que la foi aveugle en l'avenir. Un accueil serein du fait en voie d'accomplissement et les soins minutieux dont on doit l'entourer offrent une source intarissable d'activité que ne saurait présenter l'attente de circonstances possibles. Quelqu'em-

bellie qu'ait été l'espérance par des visions futures, elle est d'essence spéculative aux dénouements incertains. Qui peut affirmer, à la vérité, que les roses de la vie, qu'on aura laissé s'effeuiller sur leurs tiges, refleuriront un jour d'éternel printemps? En présence du secret, jalousement gardé, d'outre-tombe, notre champ d'action se trouve forcément limité au présent. C'est en cultivant soigneusement les parterres merveilleux de la vie que nous nous serons préparés pour le mieux à en cultiver ailleurs, — si tant est que l'occasion s'en présente. La foi en l'avenir, pour être profitable, doit être subordonnée à la foi au présent. Il n'y a d'espoir, selon nous, que pour ceux qui auront franchement saisi leur rôle et profité de la bienfaisante réalité.

A Dieu ne plaise que nous prenions à tâche d'atténuer la valeur de certaines consolations que l'humanité a voulu se ménager; nous cherchons, au contraire, à en découvrir de nouvelles et de plus sûres. S'il est réservé aux hommes d'éprouver un jour des jouissances, dont ils estiment avoir été privés sur terre, ce n'en sera pas moins un réconfort pour eux que la constatation de leurs prodigieuses facultés. Le terrestre séjour doit être, à cet effet, envisagé un peu plus comme un but, bien moins comme un moyen. Il n'est pas désagréable, après tout, de s'entendre dire qu'on peut, dès aujourd'hui, prendre possession d'un précieux héritage. Et ce n'est point une mince consolation que la pleine reconnaissance de nos titres de noblesse et de dignité.

D'ores et déjà, le souverain remède contient les germes d'une morale plus indépendante et plus personnelle, le fortifiant principe des grandes échappées d'art, les dons d'universelle sympathie. Pour misérable que soit le tréteau sur lequel se déroule l'humaine comédie, l'acteur, lui, n'est médiocre que par défaut d'âme... Mais ici se borne notre mission; car nous ne saurions assumer le rôle de ce petit dieu chinois qui va parcourant, une outre sous le bras, notre monde indolent et soumis, en y déversant le bonheur à foison.

DEMIDOFF.

POINTS DE REPÈRE

BIBLIOTHÈQUE NATIONALE

I

L'époque moderne n'est pas tant une époque de doute, dans l'histoire de la religion, qu'une période d'incertitude et d'attente devant les progrès considérables de la Science, devant la conquête du bien-être par les masses et le triomphe graduel de l'instruction populaire. Nous sommes occupés de problèmes sociaux qui semblent vouloir soulever, avec eux, le problème religieux. Le Monde cherche à améliorer le sort des foules, à leur offrir une part au banquet de la vie et les Gouvernements fléchissent sous le poids de ces légitimes revendications. Le spectateur superficiel qui assiste à ce drame grandiose, serait en droit de croire que les idées humanitaires trouvent leur lente réalisation aux dépens de la foi. En effet, la société actuelle paraît subir deux alternatives qui s'excluent : assurer à tous ici-bas une existence possible ou préparer là-haut une bienheureuse demeure. Ceci tuerait cela. Bâtirait-on un édifice terrestre, mais éphémère, sur les ruines d'un temple céleste, à peine entrevu, mais dont la solidité eût défié les âges? Le dilemme se pose, inquiétant et sombre, devant l'esprit humain chancelant. Et celui-ci ne saurait-il point concilier ces deux buts : un séjour provisoire, mais favorable en ce monde doit-il nécessairement interdire un autre séjour plus réconfortant et probablement éternel? L'extrême indigence de nos conceptions se refuse à nous présenter une solution quelconque et se contente d'un misérable compromis.

II

Ceux que nous qualifions de sages, jettent un défi aux souffrances du vulgaire et envisagent la douleur comme un moyen de parvenir à une vérité soi-disant philosophique ; ils embrassent l'Univers dans leur système spéculatif et se détachent, d'avance, de leur enveloppe mortelle ; ils disparaissent en laissant un nom. Les artistes, ou plutôt ceux qui passent pour tels, pas plus que les sages, ne résolvent le problème de l'au-delà. Ils occupent les quelques dizaines d'années qui leur sont dévolues à produire des œuvres que la postérité admire ; d'aucuns laissent un nom pour avoir su les encourager et apprécier les manifestations de leur génie. Ceux-ci ou ceux-là, contemplateurs et ouvriers d'art, sont absorbés sur cette terre par la recherche d'un idéal qui se dérobe, dans la poursuite d'une beauté fuyante. Leur moment tragique est dans la conscience de leurs vains efforts ; les secrets du Ciel ne leur sont point confiés.

III

Ceux que nous baptisons de fous sont les oisifs et les imprévoyants, et leur lampe s'éteint faute d'huile pour la nourrir ; ils se représentent la Vie sous sa forme la plus concrète et, au demeurant, la plus naturelle. C'est, à leur sens, un arbre chargé de fruits dorés qu'il s'agit de cueillir tant que l'heure est encore propice et que la saison n'est pas trop avancée. Pour eux la douleur est insoutenable, et le plaisir leur raison de vivre. Qu'ils récoltent leurs éphémères jouissances au sein d'une molle inactivité ou dans l'assouvissement de leurs passions matérielles, leur moment tragique est dans la Mort même ; ni leur activité, ni les approches de la grande faucheuse ne leur auront rien enseigné.

IV

Ils sont étroitement alliés aux indifférents, à cette vaste catégorie de mortels qui sont les bourgeois de la pensée et la médiocrité de l'esprit. Ceux-ci *vivent parce qu'ils vivent*. Leurs moyens coïncident avec leur but. Ils sont aussi éloignés d'une solution quelconque du problème final, que notre planète l'est de Saturne. L'absence, en eux, de toute sensitivité leur épargne toute douleur réelle et toute joie émotive. Leur moment tragique se transforme en un moment comique, car toute petitesse contient un ridicule et l'indifférence est une inconsciente mesquinerie. Ils sont légion dans la communauté humaine, ces êtres identiques, coulés au même moule, assidus à leur tâche inerte et quotidienne, bureaucrates attachés à des devoirs fictifs qui exigent une récompense céleste pour la stricte et automatique observance de rites qui leur ont été transmis par des générations précédentes.

V

Ceux, enfin, qui sont les religieux, dans le sens étroit et tronqué du mot Religion, les piétistes, les fidèles et soi-disant détenteurs de la vraie foi, envisagent ce terrestre séjour comme une étape sur le chemin du Ciel. Les arcanes de l'avenir seraient entre leurs mains. Ils possèdent et se lèguent des révélations sûres communiquées jadis par des Envoyés divins de l'Être Suprême. Prosélytes incompétents de ces grands connaisseurs de la psychologie humaine, ils répandent leurs doctrines qui consolent les foules par des promesses d'un bonheur futur. Ils réclament, en retour, une foi inébranlable jointe à une passive obédience à des dogmes équivoques et à des hiérarchies douteuses. Leur moment tragique est dans une descente mystique de la Grâce qui prépare la fusion de leur être intime avec l'Esprit Saint. Ils sont, dès lors, en communion constante avec l'Inconnu et encadrent leurs croyances en des formes extérieures d'une bizarre diversité. Pour eux, la mort n'est que la douce transition d'un état de péché à un état d'innocence et d'adoration sans fin.

VI

J'ai dit que les doctrines qu'ils préconisent mitigeaient le sort des masses, que leurs enseignements avaient rendu de réels services à l'humanité souffrante. C'est que le germe semé par les grands Initiateurs renfermait une parcelle de l'éternelle Vérité. Tout commencement contient une force, mais toute continuation, si elle n'est sans cesse vivifiée par l'Idée première et renouvelée par une source d'activité sans répit, dégénère en faiblesse et se noie dans l'habitude. La religion devient synonyme de coutume. L'inertie spirituelle provoque l'action de l'État. Le gendarme tend à remplacer la Providence.

VII

Jusqu'ici la religion a su conserver un semblant de prestige, moins à l'aide de ses infructueuses tentatives de répondre à l'énigme de l'avenir, que par son côté utilitaire. Elle a mérité de la patrie humaine en offrant un soulagement à l'infirme, en adoucissant les mœurs, en mettant un frein aux passions débordantes de l'homme. Elle a dit : « Tu aimeras ton prochain comme toi-même, tu ne tueras point, tu ne commettras point d'adultère » ; elle a hautement affirmé l'égalité de l'humble et du puissant, du pauvre et du riche, de l'infortuné et du prospère, aux yeux d'un Père Céleste, avec une partialité marquée pour les déshérités de ce monde. Tout mortel, sans distinction, a droit aux faveurs promises, pourvu qu'il possède un cœur pur ; mais ces faveurs mêmes, par une loi naturelle de psychologie, sont plus accessibles aux uns qu'aux autres. Le bien-être, dans toutes ses formes, implique nécessairement un désir de stabilité ; l'accablement au contraire, aspire au changement. Le riche tend à conserver, le pauvre, à modifier les conditions de l'existence. Or, c'est le plus intéressé à ces modifications qui en deviendra aussi l'adepte le plus fervent.

VIII

Afin de rétablir un équilibre socialement impraticable, à ces aspirations opposées, la doctrine chrétienne jette un contrepoids dans l'autre plateau de la balance. Elle intervertit les rôles d'outre-tombe en offrant aux indigents des perspectives de félicité future sans mélange. Elle bat monnaie d'un avenir indévoilé et, à cet effet, elle a recours à des assurances solennelles. L'avenir, pour elle, est une conséquence absolue du passé ; toute action en ce monde a sa répercussion dans l'autre. Cela est une certitude qui n'admet point de discussion et cette certitude s'appelle la Foi. L'édifice est donc élevé sur un fondement qui paraît inébranlable. Car la nature humaine est ainsi constituée qu'elle craint l'inconnu sous quelque forme qu'il se présente ; l'homme veut savoir ce qui l'attend ; depuis qu'il existe, il n'a cessé, à travers les âges, d'interroger le Ciel. Toute sa poésie, son art, sa science même ne sont que des appels à l'infini, d'insensibles étapes sur une route sans fin; toute religion n'est qu'une tentative de réponse à la question éternelle de l'humanité : Où vais-je? Paradis divers, schéols, métempsychoses, néants, les réponses diffèrent entre elles et souvent se contredisent. Mais, puisque mieux vaut l'assurance que l'hésitation, l'affirmation que le doute, adoptons un des systèmes reconnus, celui, par exemple, qu'adoptèrent nos proches, consolons-nous de ses promesses formelles et berçons-nous de ses chansons naïves. Le christianisme, entre autres, nous ouvre de beaux horizons. Il prend des engagements qu'il serait téméraire de négliger. Il nous propose de nous entr'aimer, partant, d'être charitables les uns envers les autres. Si je n'ai point la charité, dit Paul, je ne suis que comme l'airain qui résonne ou la cymbale qui retentit. Notre règle de conduite est tracée en ce monde par des préceptes d'une beauté incomparable. Le Sermon de la Montagne, où Jésus mit à nu son âme limpide, est, à coup sûr, le plus noble effort consolateur qui nous soit parvenu. Jusqu'à nos jours de scepticisme et de calcul, l'écho affaibli de ses paroles retentit aux oreilles de l'humanité souffrante et fait vibrer, en elle, des cordes insoupçonnées. Ce fut sur les pentes d'une colline dominant le lac de Tibériade, dans ce cadre jadis idyllique et charmant de Galilée, que la foule connut, pour la première fois, l'existence d'un Père Céleste, en remplacement d'un Dieu vengeur et jaloux. C'est là que l'humble et l'opprimé reçurent une réhabilitation finale : heureux les pauvres d'esprit, car c'est à eux qu'appartient le royaume des cieux.

IX

L'homme est naturellement porté à croire à l'accomplissement de son désir. L'espérance se transforme volontiers en conviction. Or, les théories judaïques avaient mis la conscience populaire à une dure épreuve; en effet, la plupart des légendes bibliques reposent sur l'idée d'une satisfaction terrestre généralement matérielle, accordée à l'homme de bien. La réalité, par contre, opposait un démenti catégorique à ce système suranné. Le pauvre et le chétif, quelles que soient leurs actions, ne changeaient point de condition ici-bas ; le riche et le puissant demeuraient les maîtres incontestés, conservaient le monopole des jouissances de ce monde. Il fallait élargir le terrain des promesses en enlevant à la réalité sa force dénonciatrice. La doctrine de Jésus s'y applique avec un succès à nul autre pareil. En étendant les limites de la récompense à des régions problématiques, elle répondait on ne peut mieux aux aspirations inconscientes de la foule qui ne demandait qu'à se laisser persuader. Les croyances vagues à un repos mérité dans le sein d'Abraham ou de Jacob s'écroulaient devant les appels familiers d'un Père méconnu au cours des siècles et finalement retrouvé. La réalité désormais, c'était Lui, c'était son amour ineffable et, partant, son universel pardon. Cette réconciliation venait à point; le germe semé tombait sur un sol préparé et fécond; il prit aisément racine dans la conscience des masses, et une vaste feuillaison recouvre aujourd'hui des champs immenses, — restés pourtant arides...

X

Tout grand mouvement social de notre ère est censé tirer son origine des paroles prononcées sur le coteau galiléen. Toute évolution de l'humanité civilisée, se produira désormais au nom de ces fondamentales vérités. Toute action désintéressée relèvera de ces sentences à juste titre révérées. Mais si la lueur intense de ce flambeau était destinée à éclairer les voies humaines, son éclatante flamme n'en a pas moins ébloui au point d'aveugler le regard des hommes. Une joie sans mélange s'empara des premières générations, un enthousiasme militant, une folie de sacrifice dont s'enflammaient, certainement aussi, les adeptes immédiats de tous les grands réformateurs avant Jésus. Dans les différentes conditions d'époques, de races et de climats chaque action rénovatrice, chaque révolution morale a donné naissance à ses Paul, à ses Augustin ou à ses Luther. Il serait injuste et trop partial de considérer le christianisme comme une manifestation séparée du génie humain ; il serait téméraire et vain de lui accorder sans réserve les titres incertains d'une divine priorité. Nous disons injuste, parce que toute tentative d'isoler cette doctrine la dépouillerait des liens les plus intimes qui l'unissent à l'humanité, parce que nous savons que l'histoire a ses nécessités et que dans l'ordre moral, comme dans l'ordre physique, le Monde est soumis à des lois immuables et rigides. D'autre part, nous ne discernons aucun motif plausible de surcharger une œuvre belle par elle-même d'ornementations superflues ou de vouloir imposer à ce qui est essentiellement humain une origine céleste. N'est-ce point rabaisser et l'œuvre et l'homme? Car si toute conception élevée n'est que l'effet d'une inspiration extérieure, l'homme se voit réduit à l'état d'une instance de transmission; si toute action noble trouve son mobile dans l'espoir d'une récompense future, c'est un fonctionnaire ordonné qui attend le paiement de son salaire. L'action noble a sa source dans sa noblesse même, elle se justifie par ses effets et ne demande aucun certificat de provenance. Chercher à la parer d'atours olympiens ou à l'interpréter par des divines suggestions, c'est la défigurer. La spontanéité est notre plus précieux trésor et la détruire c'est nous détruire nous-même ou tout au moins, nous humilier sans raison. A ce point de vue, la religion est un excès de modestie. Aussi bien l'homme, ce parvenu des siècles, quel besoin éprouve-t-il de briguer un arbre généalogique divin sans preuves valables, sans documents à l'appui, si ce n'est sous le fallacieux prétexte qu'il a été créé « à l'image de Dieu » ? En sortira-t-il grandi à ses propres yeux? Nous ne le pensons pas. Nous doutons qu'il existe un mortel qui soit capable de définir d'une façon plausible, cette expression obscure et ambiguë.

XI

De tous les sophismes que la théologie s'est complue à accumuler sur la simplicité géniale de la doctrine de Jésus celui du libre arbitre n'est pas le moindre. En vérité, l'esprit humain a peu gagné à ces déconcertantes tentatives d'expliquer l'inexplicable, de concilier l'inconciliable. Le christianisme y a certainement perdu. On ne retouche pas impunément une toile de Maître, on n'ébrèche pas, pour la restaurer grossièrement, une figurine délicate de Tanagra, sans en altérer l'harmonie des lignes. La fine ironie de Jésus se fût déployée à l'aise devant le pharisaïsme de nos jours et sa colère n'eût point connu de bornes à la vue des changeurs établis au sein même de son temple. Ces adjonctions multiples et compléments indigestes maçonnés à loisir sur un édifice de toute pureté, ont incontestablement déterminé ce style baroque qui offusque la vue, et ne saurait contenter que l'œil inexpérimenté du vulgaire. Le grand individualiste que fut Socrate accordait à l'homme le pouvoir discrétionnaire d'agir à son gré. La volonté humaine était libre de choisir entre l'action bonne et l'action mauvaise; elle n'était censément obscurcie que par les passions qui ne raisonnent point. Or la théologie chrétienne, infiniment moins logique que sa sœur cadette islamiste, s'est approprié ce joyau de la pensée antique et l'a enchâssée dans sa chasuble sans prévoir qu'elle y perdait tout son éclat. Il fallait coûte que coûte concilier l'omniscience et la bonté absolue du Créateur avec l'existence du mal en ce monde. On déversa sur l'homme toutes les responsabilités pour ses actes, tous les devoirs et obligations envers l'Être prescient et bon qu'il ne connaît point et dont le rôle se borne à régler les comptes définitifs au son de trompettes et de fifres. Deux questions viennent se poser ici tout naturellement. Si Dieu nous aime et s'il est omnipotent, comment peut-il admettre que nous fassions le mal tout en ayant le pouvoir de l'empêcher? Il est invraisemblable que ce soit uniquement pour le plaisir de nous juger à l'issue des temps. La liberté du choix, qu'il est censé nous accorder n'arrange aucunement les choses. Car s'il est également prescient, quel motif peut-il avoir de nous imposer une pareille épreuve, tout en étant dès le commencement instruit du résultat? La procédure judiciaire se réduirait à une simple formalité si le juge était à l'avance fixé sur la condamnation du prévenu. Quelques dizaines d'années d'enquête suivies d'un nombre indéterminé de siècles de détention préventive peuvent assurément effrayer les uns et faire sourire les autres. Mais à ces curiosités inquiétantes et déplacées, les Pères nous répondent que les voies de la Providence sont insondables. Un mur se dresse, menaçant, devant nous et arrête notre marche hésitante.

C'est donc que la route se déroule ailleurs. Notre existence, quelque précaire qu'elle soit, n'est point un passe-temps inutile ou une stérile formalité. Sa durée éphémère n'exclut pas les possibilités d'un examen profond de nous-mêmes, d'une analyse intérieure constante et d'un perfectionnement relatif. Mais cet examen, nous devons le faire subir à nous-même, de notre plein gré, sans arrière-pensée de rétribution finale ou d'appréciation quelconque de nos efforts. Les actes qui en résultent sont l'œuvre de notre raison. Toute tutelle mystique extérieure est la négation de la plénitude du libre arbitre. Si j'étais appelé à faire une profession de foi, je la concevrais à peu près en ces termes : « Issu d'une volonté étrangère, je suis mis en possession d'une volonté propre. J'hérite d'un trésor incomparable que je peux faire valoir à ma guise. J'assume, à l'âge de raison, toutes les responsabilités devant moi-même, pour l'usage que je pourrai faire des richesses qui me sont échues. Aussi bien, serai-je le premier à subir les conséquences d'une défectueuse gestion. Toute ingérence dans mes affaires comporte une certaine exonération à laquelle je n'aspire point. Elle ferait dévier, dans un sens ou dans l'autre, ma ligne de conduite et induirait en erreur mon jugement. Je peux m'enorgueillir, sans remords, d'une action noble, comme je peux m'humilier, sans fausse pudeur, pour une action vile, devant la majesté du « Moi ». Le spectacle de l'univers me remplit d'admiration, — non pas d'adoration, — envers Celui qui l'a conçu et créé. Car l'adoration est l'exagération de l'amour et il m'est impossible d'aimer l'Être que je ne connais pas. Il n'est pas en mon pouvoir d'aimer un Marc-Aurèle ou un César, mais je puis m'extasier devant leur bonté ou leur génie. Si les dons magnifiques dont je suis comblé, ne sont pas, comme l'affirme la science, l'effet d'une terrestre hérédité, mais bien celui d'une prodigalité divine, je porte en moi les germes d'une ample gratitude. L'obligation envers quelqu'un n'implique pas l'affection. Il semblerait indigne d'aimer parce qu'on est l'obligé. Il me serait infiniment doux, je l'avoue, de ressentir, en mes heures d'abattement, les réconfortants appels d'une sollicitude céleste ; mais je n'en possède aucune preuve et je ne puis en acquérir la conviction. A tout prendre, sans éprouver de l'amour ou de la reconnaissance, j'ai l'impression nette, en moi, de leur potentialité. »

XII

Si cet insalubre greffage du libre arbitre sur les rameaux naissants du christianisme n'a point produit de fruits savoureux, celui de la rédemption n'en a guère engendré de meilleurs. Si l'on entend par cet enseignement, la rectification d'erreurs courantes ou la remise au point de consciences faussées, le rachat de fautes commises dans l'abjection ou l'ignorance par une persuasion différente, volontairement acceptée, — nous nous y rallions pleinement : Rédemption intérieure et individuelle, réparation voulue et comprise par l'homme sous l'impulsion convaincante du Maître ; car tout amendement raisonné implique nécessairement l'idée d'un rachat du passé. Mais les doctes pères de l'Église en ont décidé autrement. A l'élément purement éthique et personnel, ils ont substitué l'élément physique et collectif. C'est une rédemption sanglante qui se serait opérée, il y a dix-neuf cents ans, sur la hauteur dénudée du Golgotha. Le sang d'un Innocent y aurait expié les péchés du monde. Par le fait de sa mort, le Christ aurait paré aux conséquences, fatales pour l'humanité, de la chute originelle de l'homme. Celui qui croira en ce dogme sera pardonné. Telle est la thèse fondamentale sur laquelle les éminents docteurs du christianisme en ont accumulé maintes autres — telle la nature double du Christ — à mesure que s'élevaient devant eux les plus évidentes objections. Ces pontifiants zélateurs se sont réunis en conciles; ils ont légiféré, ils se sont invectivés à outrance et se sont marqués mutuellement du sceau de l'hérésie, ils ont inquisitionné et fait guerroyer des rois contre de soi-disant infidèles, ils ont suborné, des siècles durant, l'instinct naïf des foules et pour sa prétendue gloire ils ont obscurci une doctrine que saisirait l'intuition d'un enfant.

XIII

L'idée d'expiation remonte aux sources mêmes de l'histoire. Dès l'âge patriarcal on immolait des victimes sur l'autel de dieux exigeants afin d'apaiser leur légitime colère. Tous les peuples de l'antiquité, jusqu'aux époques les plus modernes, ont connu ces actes de sauvagerie. A l'instar de l'injustice flagrante de la nature on instituait une injustice humaine. De nos jours encore il existe des tribus d'Asie, où l'on fait expier sciemment à des innocents les crimes de coupables qu'on n'a pu retrouver. Mais à mesure que l'homme se forgeait un dieu plus clément, sa conception d'une justice globale se modifiait sensiblement; elle évoluait vers une justice individuelle et subjective. On n'assouvit plus, au hasard, les rancunes d'un dieu exaspéré; on cherche à le contenter. On expie ses propres fautes, non pas celles d'autrui. Jadis l'ange avait déjà retenu le geste d'Abraham. Jahvé, cet impitoyable tyran, ne se reconnaissait plus lui-même dans le Dieu de miséricorde de Jésus.

XIV

L'adaptation au christianisme de l'ancienne théorie rédemptrice ne fut certes pas des plus heureuses; elle invalidait l'assertion même d'un Dieu juste et présumé bon ; elle enrayait le progrès organique de la pensée humaine et l'engageait dans d'infructueuses polémiques. On ne verse pas impunément du vin nouveau dans de vieilles outres ; la bienfaisante liqueur fuit par les coutures des rapiècements. Nul ne saurait aujourd'hui prétendre — s'il ne se retranche derrière l'inattaquable bastion d'une foi aveugle — que la mort volontaire de quelqu'un puisse affranchir un autre de ses transgressions. La condamnation capitale subie par le coupable même, n'est point un acte d'expiation intime, — la seule qui nous paraisse admissible ; elle en arrête l'essor fécond. Misérable expédient d'une société imparfaite, la peine de mort ne rétablit point l'équilibre rompu de la conscience et barre le chemin au perfectionnement intérieur. C'est l'aveu d'impuissance d'une communauté.

L'introduction, dans le domaine religieux, de l'universelle et poétique légende de la chute de l'homme ne soutient aucune critique tant soit peu éclairée. Pour rehausser les mérites de Jésus aux yeux des générations futures, il n'y avait nul besoin de rattacher son sacrifice à un péché originel qui pèserait sur l'humanité de tout le poids fictif d'une désobéissance préhistorique. Et les lois immanentes de l'hérédité que symbolisa l'imagination populaire la plus reculée, n'ont, à coup sûr, subi aucun changement du fait d'une immolation spontanée. Le problème de l'injustice naturelle ne trouve pas sa solution dans l'inconséquence qu'on attribue à Dieu. Aussi bien est-on logiquement amené à devoir diviser l'espèce humaine en deux catégories distinctes : ceux qui ont précédé le Christ sur terre, et ceux qui lui ont succédé. S'il est vrai que le salut dépend de la foi en ce dogme, quel est le déplorable sort réservé aux premiers, à ces millions d'individus que le hasard a laissé mourir dans une ignorance forcée? Si, d'autre part, leur bien-être éternel est assuré par le fait même de l'acte expiatoire, la lourde charge des devoirs n'incomberait que sur les derniers. Si, enfin, tout le monde est désormais sauvé, quelle que soit l'œuvre de chacun, nous nous trouverions réduits à un état d'inertie et de contemplation qui rendrait toute initiative superflue. Est-ce à dire que nous vivons et souffrons sans but, pour passer le temps, en attendant l'heure des jouissances assurées?

XV

La stérilité dont fut frappée l'éclosion progressive des nombreux dogmes du christianisme, relève, selon nous, de deux erreurs primordiales. C'est, en premier lieu, le caractère exceptionnel et privilégié accordé à la doctrine en question, l'infirmation arbitraire de la réalité, l'interruption, au mépris de toute expérience, de l'enchaînement causal de l'histoire. En second lieu, c'est l'attribution à une personnalité, — sans doute imposante, — de facultés physiques que défient la constatation la plus superficielle des phénomènes existants et le plus impartial raisonnement.

La conception chrétienne, libérée de tout alliage dogmatique, représente, dans les annales relativement modernes, une victoire incontestable de la pensée humaine et marque une étape sur la voie ascendante de la morale. Mais elle est une étape et non pas un point de départ, un événement capital dans le développement spirituel, non pas un commencement. Pas plus dans l'ordre moral, que dans l'ordre physique, il n'existe de solution de continuité. Les lois naturelles, plus aisées à reconnaître dans le domaine matériel, n'en sont pas moins strictes dans celui de l'esprit et n'admettent aucune exception. Quel qu'imparfaites que soient nos notions des époques primitives, nous y discernons, pourtant, une intermittence de mouvements sociaux fort analogues et, en des temps moins éloignés, nous découvrons déjà les traits saillants de la doctrine future et les indices sûrs de sa prochaine maturité. Le progrès de la pensée, suit sa marche régulière et fatale. Pour bien comprendre toute action à large portée, il faut remonter en arrière et en chercher les origines.

Dès l'âge patriarcal d'Israël, le germe, semé par d'autres, découvre sa tendre poussée qui se fortifie sous les ondées bienfaisantes et se réchauffe aux rayons d'un soleil ardent. Elle prend corps dans l'objurgation sévère d'un Samuel ou au souffle puissant d'un Jérémie. En ce sens, Jésus fut réellement celui, dont la venue était pressentie par les prophètes et les voyants. Au seuil de l'an premier de notre ère, tout dénotait l'attente fiévreuse d'une âme populaire troublée. Le fruit avait mûri et si Jésus ne l'eût cueilli, un autre l'eût probablement récolté. Et tantôt avec la grâce sereine qui lui était naturelle, tantôt avec les emportements d'une conviction profonde, il en distribua les parties à foison. Il sut multiplier les pains parce que la pâte et le levain étaient depuis longtemps préparés ; et le jus savoureux de la treille fermentait déjà de longue date, dans les amphores miraculeuses de Cana... Les grands hommes sont ceux qui ont réussi. On ne diminue point leur valeur en les représentant comme une nécessité ou comme la personnification des exigences d'une époque. Ils sont appelés, par la force des choses, à former les traits d'union entre les phases ascensionnelles de la pensée et rendent un témoignage vivant à la logique impeccable de l'histoire. Ce sont bien eux, — et non pas d'autres — qui ont pris le gouvernail en mains et dirigé la nef par les flots tumultueux ; ce sont eux encore qui ont marqué le chenal de lumineuses bouées à l'entrée des ports d'escale de l'humanité. Que nous importe si d'autres ont tenté d'aborder avant eux ?

XVI

Si donc, les divers enseignements actuellement adoptés ne sont que les degrés d'une échelle sans fin, nous sommes obligés d'en inférer que de nouveaux amendements vont surgir et que les graines éparpillées du christianisme produiront une fraîche poussée. Il est inadmissible que le dernier mot de la morale ait été prononcé et que la pensée humaine se soit figée, pour l'éternité, dans le moule d'une doctrine quelconque. On a été, on sera; on a eu, on aura, — telle est la devise de l'infini devenir. D'incessantes modifications sont à prévoir; de nombreux conquérants viendront étonner le monde de leurs triomphes, des essaims de laboureurs mettront encore en valeur les terrains restés incultivés. Ce fut l'inconsciente prévision des peuples, leurs pressentiments de la continuité des choses, qui promit des Messies et présagea des Antéchrists, — ces agents directs ou indirects du progrès. Et qui sait si nous n'assistons pas de nos jours, à quelque prompt développement de bourgeons, à l'imminente maturation d'un fruit nouveau? Qui sait si l'orage social dont nous percevons déjà les sourds grondements, n'annonce pas l'approche de quelque grandiose et périodique manifestation de l'Esprit?

XVII

Dès le premier jour de son apparition sur terre l'homme s'est créé des idoles. Les vastes horizons de l'Univers affirmaient son exiguïté, l'harmonie de la nature souriait de sa gaucherie, la puissance des éléments narguait sa faiblesse. L'imperfection présuppose la perfection. Toute son ambiance portait à l'idolâtrie l'homme ignorant et fragile. Ses facultés admiratives déifièrent la beauté, sous des formes tangibles; ses craintes puériles engendrèrent des dieux irrités. Heureux, il devait adorer; dans l'infortune — apitoyer. Mais à mesure que l'homme se perfectionnait, que s'élargissait le champ de ses recherches, que la conscience de sa force intérieure se réveillait en lui, ses besoins de diviniser se réduisaient forcément en proportion. Les dieux terrestres, animés de passions humaines, rétrogradaient vers le ciel et se fondaient en un Être suprême unique. Ce fut le triomphe de la pensée juive; depuis dix-neuf cents ans nous nous reposons sur les lauriers cueillis par une poignée de sectaires chaldéens. Et leur mémoire est entachée, à nos yeux d'un crime, sans lequel l'impulsion chrétienne donnée à la morale eût été, à coup sûr retardée. Nous puisons à pleines mains dans l'épopée de cet étonnant petit peuple afin d'y trouver la confirmation de nos certitudes hasardées; nous cherchons à nous attribuer ses légitimes succès et voulons nous approprier les fruits de son séculaire labeur. Ses légendes lointaines et ses douces pastorales sont devenues nôtres ; ses rois-poètes auraient chanté pour nous, ses philosophes auraient disserté à notre adresse, ses oracles auraient prédit notre destinée. Nous empruntons ses espérances et nous nous berçons au rythme de la chanson du Bien-Aimé. Le livre, qui est l'histoire des passions, des découragements et des luttes d'Israël, — nous en faisons le plus déplorable usage. Nous en ignorons les réelles splendeurs pour en tirer des conclusions tendancieuses, pour y chercher d'obscurs présages, pour en extraire de vaines allégories. Les procédés arbitraires de l'exégèse dite religieuse, s'emploient à faire converger tous les rayons épars vers un seul foyer central. La Bible est devenue le moyen pour arriver au but où s'arrête tout développement. C'est en arrière qu'on nous exhorte de tourner nos regards, non pas en avant. Confiants en l'avenir et vivant de leur propre histoire, les juifs attendent mieux et, à ce point de vue, ils sont plus conséquents que nous. Aussi bien, est-ce au nom de celui qui prêcha le pardon des offenses et l'amour absolu du prochain, que nous nous détournons d'une race maudite par nous-mêmes. Déconcertante logique, en vérité. Et ne nous y trompons pas, si Jésus subit l'outrageant supplice de la croix aux mains de quelques fanatiques exaspérés, c'est en Galilée, en Samarie, au sein même d'Israël qu'il vécut les plus belles heures de sa vie. C'est à Nazareth, au seuil d'une humble échoppe de charpentier, dans l'atmosphère candide d'un ménage paisible, bien que mal assorti, que Jésus acquit ses premières connaissances; c'est dans les ruelles de Nazareth qu'il joua avec ses premiers compagnons, c'est sur les pentes vallonnées du Carmel, parmi les figuiers et les vignes de Cana, sur les rives de la mer galiléenne, qu'il récolta ses plus pures moissons.

XVIII

Il est une image, placide entre toutes, que la fantaisie se plaît à évoquer. Sur un promontoire escarpé dominant la surface tranquille des eaux, Jésus est assis, les jambes croisées à l'orientale, dans une attitude de repos; il tient d'une main le bâton noueux du pèlerin, — celui, peut-être, avec lequel il traçait des figures sur le sable en prononçant les paroles éternelles à la défense de la femme adultère. Son doux et triste regard plonge dans la brume violacée du lac, où l'on devine les blanches silhouettes de Bethsaïda ou de Capharnaüm. Et ce regard nous dit la satisfaction d'avoir consolé quelque cœur meurtri et, peut-être, le pressentiment des nécessités de l'immolation finale...

XIX

S'il faut absolument qu'il y ait eu rachat, c'est par sa vie, par son apostolat, et nullement par sa mort, que le Maître nous a, en quelque sorte, rachetés. Il nous a rendus à nous-mêmes en nous dévoilant nos propres forces et en signalant nos énergies latentes. Émancipés du joug de nos errements, nous retrouvons, grâce à lui, la voie ouverte au progrès spirituel de notre être. La mort violente de Jésus ne fut qu'une conséquence logique de sa vie. Le plus grand des efforts entraîne aussi le plus grand des sacrifices. Sa haute intelligence ne pouvait pas ignorer le fatal dénouement et sa foi implicite en son œuvre ne pouvait pas ne pas le désirer. Car la conviction, au service de l'idée ne s'arrête devant aucun obstacle; afin de perpétuer plus sûrement il faut souvent mourir.

N'ont-ils pas d'ailleurs, également expié le crime d'avoir trop pensé et ne se rendaient-ils pas compte aussi du sort qui les attendait, ces pionniers illustres qui renversèrent de faux dieux ou déchirèrent les voiles de l'illusion? Socrate ne but-il pas la ciguë, Galilée ne fut-il pas menacé du bûcher? Toute proportion gardée, ils furent aussi des rédempteurs, et scellèrent l'un par la mort, l'autre par ses souffrances, les principes énoncés par eux. Les découvertes métaphysiques ne se soumettent point à la démonstration; les siècles en déterminent la justesse. On ne certifie pas une vérité morale comme on prouve une équation. Il y a sujet à controverse dans l'ordre éthique, essentiellement relatif et imprécis. Toute innovation dans ce domaine implique la modification de formules surannées sur lesquelles reposait une autorité constituée. Toute réforme spirituelle exige un acte d'insubordination, une infraction aux pratiques d'un régime établi; c'est l'expérience ultérieure de l'humanité, qui lui confère, en dernier ressort, les droits de naturalisation. On ne saurait, dès lors, s'étonner des enfantements douloureux qui ont marqué au berceau les renaissances et les transformations successives de la Morale.

XX

Lorsque nous affirmons que la doctrine chrétienne — telle que l'enseigna Jésus — représente un important échelon sur la voie du progrès moral, c'est qu'elle a déjà triomphé d'un examen de vingt siècles et qu'une portion considérable du genre humain s'en est accommodée. Qu'est-ce, en effet, que la morale? La faire découler d'une source naturelle, ce n'est évidemment pas l'expliquer. L'auteur des *Paroles d'un Croyant*, ce fervent novateur que fut Lamennais, lui-même, n'évite point le dangereux écueil. Il estime que la morale est une plante dont les fleurs et les fruits parfument et embellissent la terre, mais dont la racine est dans le ciel. C'est une image, non pas une définition. L'homme ne peut définir que ce qu'il voit. Or, qu'aperçoit-il au cours ininterrompu des temps? Le développement graduel d'un code unique lui prescrivant certains moyens de perfectionnement. Ceux qui personnifièrent la conscience de leur époque et en exposèrent les idées latentes sont intimement apparentés entre eux. Que ce soit Confucius ou Moïse, Çakya-Mouni ou Jésus, leurs enseignements ont, à n'en point douter, des ressemblances frappantes. Le fil qui traverse l'histoire et qui les réunit est reconnaissable. La recherche du bien leur inspire des conclusions analogues sur notre meilleure règle de conduite en ce monde. Ils ne diffèrent réellement que dans leurs appréciations sur l'avenir d'outre-tombe, l'inconnu étant naturellement susceptible de conjectures les plus variées. Afin d'encourager des foules incultes à la mise en pratique de leurs préceptes, certains de ces illustres champions de la pensée ont parfois assumé le rôle d'intermédiaires divins. Autour d'autres, la légende contemporaine ou posthume a fait rayonner de célestes auréoles. Tous, ils ont subordonné les besoins ordinaires de notre existence à un besoin plus pressant encore, — celui du perfectionnement intérieur de notre être. De l'ensemble de leurs doctrines il se dégage une captivante harmonie dont les plus suaves accords ont été modulés par Jésus. C'est ce « leit-motif » qui reparaît continuellement et s'affirme, à de longs intervalles, dans le cycle des épopées humaines, que nous nommons la morale. Elle est d'essence égalitaire, car elle convie chacun sans exception à participer à son festin. Il semblerait que l'homme eût cherché en elle sa revanche contre les inégalités physiques de la nature et en eût découvert le juste contrepoids. Elle est individuelle en tant qu'elle vise le perfectionnement spirituel de l'individu. Elle est sociale aussi, car elle détermine les relations réciproques des hommes, jusqu'à la conduite des nations entre elles, et progresse de pair avec les civilisations.

La morale est le produit d'un raisonnement inconscient et collectif de l'expérience accumulée des masses, en quête de la formule du bonheur. On la méconnaît en lui prêtant des attributions divines; sa racine n'est point au ciel, mais bien dans l'aspiration utilitaire de l'homme. Les religions en ont fait leur esclave et l'ont enchaînée de liens subtils; elles l'ont attelée à leurs chars triomphants. C'est qu'elle est leur plus précieux otage et leur plus sûre caution. Mais la morale est une et les religions sont multiples; elle est demeurée fidèle à elle-même, tandis que les religions se sont contredites. Elle est en même temps le fruit de notre incessant labeur et le stimulant le plus efficace d'une activité bienfaisante. Elle est universelle, alors que les religions sont devenues presque des termes géographiques et des instruments de propagande nationaliste.

XXI

Les évolutions par lesquelles a passé la morale, les changements qu'elle a subis à diverses époques, les écarts mêmes qu'elle a affrontés, n'ont servi qu'à mieux établir son unité. Ce furent des tâtonnements sans nombre dans la nuit des siècles, d'inconscientes prises d'armes à l'assaut du bien, d'infinis efforts d'adaptation. C'est pour ainsi dire, par un procédé assez analogue à celui de la sélection naturelle, que l'homme s'est insensiblement protégé contre l'intempérie des passions. Dans le domaine spirituel, non moins peut-être que dans le domaine physique, il y a concurrence vitale. La morale des premiers hommes était forcément primitive. A l'instar des enfants qui ne se débrouillent que peu à peu dans les relations de cause à effet, ils se sont aperçu à la longue que certaines actions leur étaient en fin de compte *plus avantageuses* que d'autres et que certaines abstentions s'imposaient impérieusement en vue de leur bien-être. Ces actions et abstentions profitables résultant de l'expérience acquise par des générations, reçurent droit de cité parmi les hommes et entrèrent dans leurs coutumes. Les communautés constituées s'inspirèrent de la morale dans leurs législations. Issue d'un choix rationnel et fondée sur une pratique continue, la morale est devenue partie intégrale de l'humanité qui s'en est pénétrée à un tel point qu'elle ne pourrait pas plus s'en passer que de pain ou d'eau. Si les religions l'ont défigurée, il est incontestable d'autre part que les lois ne l'ont point épuisée. De même que nous héritons des penchants et des qualités de nos ancêtres, nous bénéficions aussi de leur expérience. Elle est la chair de notre chair et le sang de notre sang. Il s'en faut de beaucoup que cette incorporation lente se soit produite sans lutte ou sans douleur. Toute victoire implique une défaite ; toute action forte — une réaction correspondante. L'homme n'a point discerné d'un coup ses avantages, d'autant plus que ceux-ci ne sont guère aisément reconnaissables et ne se réalisent qu'à longue échéance. Il semblerait, en effet, à première vue, que l'intérêt direct exigeât la suppression violente d'un ennemi, la ruine d'un adversaire ; qu'il vous dictât la vengeance pour l'outrage ; que ce même intérêt voulût l'appropriation du bien d'autrui, la possession d'une femme convoitée, la propagation d'une terrestre notoriété. Or la morale, ce produit de l'expérience humaine, nous apprend le contraire et nous indique notre profit réel sous des aspects diamétralement opposés. Elle abolit ces apparentes causalités. Il a fallu des siècles pour établir, dans la positive sphère des relations commerciales, le principe de la confiance et du crédit. L'intérêt semblerait y prévaloir dans un règlement immédiat des comptes sur la base d'une réciproque méfiance. Mais l'expérience commune prouva la fausseté de cette méthode. Elle démontra que les pertes encourues du chef d'une confiance plus ample se compensaient largement par l'accroissement de la clientèle et le développement des affaires. L'intérêt apparent est rarement l'intérêt réel et nos conclusions les plus simples sont souvent les moins justifiées.

XXII

Si donc il a fallu des siècles à l'homme pour acquérir une expérience commerciale élémentaire — et encore n'est-elle pas universellement admise — quel temps lui faudrait-il pour découvrir et instituer la vérité morale définitive ? A vrai dire jamais il n'en atteindra le degré suprême ; car en l'atteignant il perdrait sa raison d'être, la seule raison d'être plausible de son éphémère passage ici-bas — le perfectionnement individuel. Les lois sociales font concurrence aux religions, avec une tendance marquée à remplacer celles-ci, en imposant des lambeaux de morale et en les codifiant. Mais elles résument une partie infime de l'expérience. Elles rendent obligatoires certains préceptes admis afin de maintenir un ordre relatif et précaire sous peine de punitions immédiates certaines ; les religions exigent d'analogues observances sous peine de punitions futures douteuses. L'humanité n'a progressé que sous l'aiguillon d'un fouet perpétuel. Tutelle d'une part, crainte et servilité de l'autre, n'ont abouti qu'à l'asservissement général. Car les uns craignent Dieu, les autres — les hommes ; nul n'a utilisé les trésors qu'il possède en propre, nul ne s'est prévalu de la somme considérable d'expérience accumulée en lui par les soins de générations antérieures. « Ne fais point le mal, dit la Société, ou je te condamnerai ici-bas. » « Fais le bien, dit la religion, ou tu seras condamné là-haut ! » « Puise à la source qui est en toi et agis selon ton intuition, dit la Morale, mais qu'il s'en dégage le bien ou le mal, tu ne peux être ni récompensé ni condamné par aucun agent extérieur. » Car toute action spontanée *porte en elle sa récompense — Jésus l'a dit — ou sa condamnation*. Satisfactions ou peines, — sublimes subjectivités — coopèrent *également* au perfectionnement de l'homme; contentements ou remords, infligés par contrainte réelle ou mystique, le dégradent *également*. C'est que la dignité personnelle n'admet, ni obligation, ni sanction étrangère et qu'elle constitue un élément inséparable de la Morale. Le plus bel exemple qu'il ait été donné au Monde de contempler lui fut présenté, peut-être, par les représentants de l'École Stoïque ; ils firent de la Morale une Religion et érigèrent en dogme la dignité de l'homme. Ce dut être, en vérité, un spectacle merveilleux, — qui ne s'est plus répété d'ailleurs, — que celui d'un trône mondial occupé, durant plus d'un siècle, par trois Empereurs Stoïciens. Comme au temps de Jésus, l'humanité croyait avoir trouvé; elle cherche encore et cherchera toujours. Car la nature veut perpétuer, non pas révéler. Par sa loi, elle appelle, pour ainsi dire, l'imperfection. Jésus provoque un Alexandre VI, ou un Torquemada, aux Antonins succède un Commode ou un Honorius. Mais le Discours de la Montagne et les Pensées de Marc-Aurèle sont les jalons de la route et les étapes de l'Esprit. Là — plus d'amour, ici plus de raison; morale partout.

XXIII

C'est le malheur de l'humanité, et, en même temps une assurance de durée, — que parallèlement à la marche de ses acquisitions morales, elle ait subit le joug de la coercition, entrave de tout progrès. Le train qui brûlerait les stations arriverait au terme avant l'heure. L'humanité, elle, a ses époques de recul. Loin de nous l'idée de nier la nécessité de la contrainte dans le passé ou de prédire son abolition dans l'avenir; car l'homme est imparfait et ses moyens se mesurent à son imperfection. Le jour où il atteindrait la perfection et où la contrainte deviendrait superflue serait aussi le jour où disparaîtrait sa raison d'exister. L'obligation, quelle qu'elle soit, entretient en l'humanité cet esprit de « combativité », — si j'ose ainsi m'exprimer — qui est la garantie la plus sûre de sa longévité sur terre. La nécessité éternelle des lois et la nécessité transitoire des religions sont les corollaires indispensables de l'humaine imperfection. Mais que ce soient les lois qui s'inspirent des religions, — comme cela s'est passé durant nombre de siècles, — où les religions qui supplémentent les lois, selon les degrés de culture des peuples, jamais, je le répète, elles ne parviendront à épuiser les nuances infinies, à fixer les teintes délicates et inépuisables de la morale. Nous péchons rarement contre les lois, les criminels et délinquants étant une gent relativement rare et peu préparée à la conduite de la vie; nous péchons, par contre, à chaque instant contre la Morale. A tout instant, nous soulevons le rideau qui cache un coin inexploré de notre être et nous y trouvons une poussière de mille ans qui en recouvre les abords. Cela sent le renfermé et l'époussetage en est d'autant plus pénible que les microbes y ont fait leurs nids. L'oppression y couve toutes les servilités, l'envie toutes les jalousies, le lucre toutes les bassesses, la coercition toutes les peurs, la superstition tous les préjugés. Instinctivement, nous gardons le soupirail fermé et laissons tomber le plumeau. Rien n'est plus rare, a dit Emerson, que l'acte spontané. Par acte spontané le moraliste de Concord comprend évidemment l'acte résultant de la pensée intime, l'acte expérimenté de révolte contre l'habitude et la routine, opposé à l'acte imitatif. C'est l'air libre introduit et le coup de plumeau. Et cet acte est d'autant plus rare que la Nature, conservatrice et despotique à l'extrême, protège l'action régulière et soumise ; elle combat la pensée innovante et subversive. La Nature veut l'action, l'action fécondante et brutale ; elle persécute la pensée qui lui arrache, un à un, ses secrets. Dans l'ordre physique, c'est par la pensée que l'homme canalise les forces de la nature et les fait servir à ses fins ; dans l'ordre intellectuel, c'est également la pensée qu'il utilise et subordonne ces forces à son idéal et à son perfectionnement. La pensée limite le règne absolu de la Nature en ce sens que les lois immuables, qui président aux éléments, tournent progressivement au service de l'homme. Le Sphinx s'humanise et le Soleil n'est plus qu'un globe incandescent. L'explication du Mystère se produit au détriment du culte. De même l'impulsion instinctive, sans le contrôle de la pensée, cesse d'être une impulsion profitable; la vérification de ses effets ne parle plus en sa faveur. L'observateur le moins clairvoyant ne peut manquer de noter que la Nature vise un but primordial : la continuité reproductive de l'espèce. Peu lui importe l'individu pourvu que le genre se perpétue. Et à cette fin que de soins ne s'est-elle donnés, que de ruses n'a-t-elle employées ! Elle s'est appliquée à entourer l'acte de procréation des préliminaires les plus doux et des plus voluptueuses sensations. Certains achètent ces jouissances au prix de leur existence même, mais la Nature n'en a cure ; sa prodigalité ne s'en affirme que mieux. Elle jette de la poudre aux yeux et, souriante, tend à la jeunesse « ces chiffons de pourpre et d'or que celle-ci suspend à la nudité de la Vie ». Son œuvre accomplie, elle abandonne sans merci l'âge mûr à ses pauvres chimères, la vieillesse à ses infirmités. Rien n'indique en elle cette sollicitude dont elle est censée nous envelopper, et si le Créateur a donné aux hommes une preuve de son amour, c'est en leur laissant les moyens de se soustraire à la tyrannie de sa propre création. Nous n'avons jamais possédé aucun autre témoignage de divine assistance. Il semblerait, au contraire, qu'une suprême indifférence ait suivi l'Effort créateur et que le repos du huitième jour menaçât de devenir éternel.

XXIV

Il semblerait que Dieu eût pu tenir à l'humanité naissante ces paroles : « Je vous ai créés, je vous dote ; pourvu que vous travailliez, vous aurez toujours une modeste aisance ; vous ferez tous les jours la même chose jusqu'à la fin des temps ; quant à Moi, vous ne me contemplerez plus jamais. » Telle devait être la perspective assurément peu attrayante de l'homme primitif. Mais, se ravisant devant l'effroyable monotonie promise : « Pourvu que vous pensiez, aurait-Il ajouté, vous pourriez me retrouver un jour. » Car quoi qu'on en dise, l'histoire n'enregistre aucune donnée certaine d'une intervention quelconque de Dieu dans les affaires humaines. C'est à la nature qu'a été confié le soin de continuer l'Œuvre, à l'homme — la possibilité d'en tirer profit. Pensée et nature, les forces s'équilibrent, les puissances se mesurent. Et de ce choc sublime jaillit d'un côté la Science, de l'autre la Morale. La lutte intense de la Pensée contre la Nature, du Spontané contre l'Ordre, ne s'est jamais, peut-être, plus tragiquement affirmée que dans la merveilleuse légende de la Tentation de Jésus. Le pinceau évangélique y a concentré ses plus vigoureuses couleurs et s'y est surpassé. En cette région aride et torréfiée du Désert où Jésus s'était écarté de l'importunité harassante des hommes, parmi les éboulements de rocs millénaires, où l'écho seul répond à la voix, ce fut un assaut d'héroïque envergure. Jésus succomberait-il aux séduisants appels de l'Esprit des Ténèbres, devant de belles et calmes perspectives sur terre, ou sortirait-il vainqueur, Lui, l'incarnation de la Pensée, au prix de la Douleur et de la Mort? S'il fut jamais un acte spontané, ce fut assurément celui-là. L'heure des grandes résolutions avait sonné. Lequel de nous n'a eu cette heure décisive, mais aussi, qui de nous en a triomphé? Chacun de nous et à tout instant, par les brises desséchantes de la vie, a sa passe d'armes avec la Nature, mais aussi lequel de nous peut-il se targuer de Victoire? Transportés par une aile invisible sur le pinacle de notre temple, nous admirons, non sans mollesse et regrets, le spectacle familier qui se déroule à nos yeux et nous descendons, avec une reconnaissante soumission, les degrés conduisant aux vergers promis.

A vrai dire l'issue n'était point douteuse. Le fruit étant mûr, il importait que quelqu'un le cueillît. Si Jésus avait faibli, un autre eût triomphé à sa place, car la maturité du germe que l'humanité portait en elle n'admettait plus d'avortement. La Pensée, dans son escalade sublime, avait déjà porté son étendard sur le bastion évacué par l'ennemi; il ne s'agissait plus que d'en affermir sur un sol désormais inviolable, le tronçon sanglant et mutilé. Il est incontestable que la Pensée, au service du progrès moral, ne peut qu'user de violence. Elle est d'essence militante, — car tout progrès implique un changement, — elle se révolte contre un ordre de choses établi. Dans la tentation de Jésus, le véritable révolté c'est Lui, et non pas Satan, qui représente le conservatisme imitatif de la Nature. Telle est la portée intime de cette légende qui atteint chaque fibre de notre être, et tel est le sens de cet émouvant tableau.

XXV

On ne saurait assez regretter le mystère dont l'histoire enveloppe les années d'adolescence de Jésus et le manque de renseignements sur l'état des esprits et l'âme populaire au moment de sa venue. « Car en toute chose les faits ne sont jamais plus intéressants que lorsqu'ils s'élaborent. C'est avant la fin de leur évolution qu'ils vivent de la vie la plus intense ; après, ils s'immobilisent dans leur forme. Les époques de transition, pour paraître ingrates, n'en sont pas moins utiles, ni moins riches en enseignements. C'est en elles que le passé vient s'éteindre, encore tout mêlé à l'avenir qui naît[1]. » Nous savons davantage, peut-être, sur l'ambiance et la jeunesse de Çakya-Mouni ; nous savons certainement

1. Je cite un écrivain de talent qui traduit mon idée, M. Paul Hazard.

plus sur celle de Mahomet. Et pourtant que d'intérêt n'aurions-nous pas à suivre les premiers ébats de Jésus et le développement de sa suave personnalité ! Quel profit n'eussions-nous tiré à repenser ses jeunes pensées, à redire ses tendres paroles ! L'imagination doit suppléer à la réalité. Les circonstances ont assurément favorisé son progrès spirituel. Sa vie de famille dans les conditions où il naquit ne pouvait, à coup sûr, lui présenter d'attrait ; les douces joies du foyer lui furent peu connues et la médiocrité l'exaspérait. Rentré en lui-même, il y trouva ample compensation : un père céleste, une grande famille terrestre. Chacun a ses adeptes et ses réprobateurs. Il arrive parfois que ceux-ci se recrutent parmi nos plus proches, parce *qu'ils nous connaissent mieux* et que nos défauts ne sauraient, à la longue, leur échapper, souvent parce qu'ils ne nous comprennent point. Ce fut probablement le cas de Jésus. Sa famille lui devint hostile. Nul n'est prophète en son pays, ni héros pour son valet de chambre. Il avait trouvé consolation dans l'étude et fit preuve de précocité peu ordinaire. A quinze ans, l'enfant dissertait avec les vieux casuistes du Talmud et leur disait les choses nouvelles dont sa jeune âme était déjà remplie : l'inhumaine sécheresse de la Loi, la vulgarité confessionnelle des Pharisiens, la stérile observance d'un culte suranné. Et les docteurs se plaisaient à écouter l'adolescent qui faisait, peut-être, vibrer en eux des cordes restées longtemps intouchées. Parmi ses camarades, fils d'artisans de Nazareth, ou de pêcheurs de Tibériade, Jésus dut jouir, grâce à sa supériorité, d'un ascendant incontesté. C'est à lui qu'on s'adressait sans doute pour vider les disputes; on avait recours à ses connaissances pour trancher les mille riens journaliers de la vie d'un village obscur, à son sentiment de compassion et de probité, pour soutenir les revendications des faibles. Et lorsque, le soir, il rentrait dans l'échoppe de son père adoptif, il y trouvait une mère soumise à sa jeune autorité, fière de sa naissante renommée. C'est dans une atmosphère paisible, entouré d'adeptes, gens confiants et simples, que dut germer et croître en lui l'idée d'une Mission divine. L'admiration qui lui était prodiguée, les vagues espérances de salut qui hantaient l'esprit d'Israël, sa propre conviction de la futilité des choses terrestres et de la direction faussée de l'enseignement, — tout l'appelait à sa destinée. Et lorsque nous le retrouvons, à la veille de son apostolat, dans la tragique alternative d'opter entre la somnolente inertie des foules et l'action consciente individuelle, sa volonté, déjà fortement orientée, ne fléchit point.

XXVI

Plus tard, durant son ministère public, Jésus vécut des instants de réelle allégresse; il eut des heures de profonde défaillance. Il fut à la fois le grand Compris et le grand Incompris de son temps ; c'est le sort de tous les réformateurs depuis que le monde existe. Et le succès de leur œuvre — pourvu qu'elle représente un progrès quelconque — est en raison directe de la persécution dont elle devient l'objet. La pensée s'aguerrit et se retrempe devant l'obstacle. Elle acquiert des facultés combatives qui s'intensifient sur le bois des supplices et à la lueur des bûchers. Elle s'atrophie au sein d'éléments sympathisants et paisibles. C'est cette même idée qu'a voulu exprimer Gœthe : « Il n'est chose plus difficile à supporter, qu'une série de jours heureux. » La raison opiniâtre de la théocratie judaïque et les hécatombes des martyrs assurèrent le succès du christianisme. L'opposition systématique et âpre que rencontra Jésus, lui fournit l'excédent de forces nécessaires et l'occasion la plus propice à la propagation de sa doctrine. Les juifs du Sanhédrin ne savaient réellement point ce qu'ils faisaient en réclamant la condamnation capitale et ne se doutaient guère du service qu'ils rendaient à l'humanité. Certes, le progrès moral se fût à la longue affirmé, mais quel retard en eût-il souffert et sous quelle forme se fût-il présenté? Quelles sereines légendes n'eussions-nous perdues! Car tout porte à croire que si Jésus s'était doucement éteint de mort naturelle, le christianisme fût demeuré aujourd'hui l'apanage de quelque secte oubliée du Liban. Les esséniens sont encore ceux qui, de nos jours, se rapprochent le plus, dans la pratique de la vie, des préceptes de Jésus. Et qui connaît l'essénisme, si ce n'est quelques obscurs artisans ou laboureurs de Palestine?

XXVII

C'est de l'Orient, source de lumière et berceau de notre race, que nous sont parvenues jusqu'à présent toutes les grandes tentatives humaines de progrès moral. Passés en Occident sous leur forme orientale de relations merveilleuses et d'allégories touchantes, ces enseignements, issus d'un même tronc, y furent coulés dans le moule d'un christianisme étroit. L'Occident fondit plus tard en ses articles de foi, les fantaisies gracieuses de l'Orient avec ses monstruosités propres. L'imagination se fit réalité, mais l'esprit devint lettre. On oublia que, bien avant Jésus, Osiris était descendu sur terre par amour pour l'humanité, qu'il fut taillé en morceaux par Typhon et que ses restes furent jetés dans le Nil ; qu'il ressuscita, lui aussi, et qu'il juge les morts dans le pays des Ombres. On oublia que jamais peuple ne crut autant que les Égyptiens à l'immortalité de l'âme, et que la Perse, l'Inde ou la Chine détenaient, en des temps reculés, tous les rudiments de croyance qui ont tantôt bercé l'Europe d'espoirs et l'ont tantôt si cruellement déçue. Et pourtant, Ormuzd lutte encore contre Ahrimane;

Jahvé ne désarmera plus le Rebelle. Autour de l'arbre de Vie, chargé de fruits dorés, s'enroulent encore les chatoyants anneaux du Séducteur, qui brillent au soleil d'un reflet nouveau. L'ange a abaissé son glaive, car il n'entend plus la voix du Dieu des nuées; les hommes se pressent autour des grenades vermeilles, et en savourent impunément le suc écarlate sans parvenir à étancher la soif qui les dévore. Ils portent désormais leur châtiment en eux et trouvent en eux-mêmes leur propre récompense. Certains s'éloignent, par groupes pensifs, et vont cheminant vers les côtes lointaines,

> Mordant au citron d'or de l'idéal amer.

Mais les rives fuient devant eux sur l'horizon roux des sables. Nobles pèlerins de l'Idée, ils entonnent sur l'âpre route les hymnes sacrés de leur audacieuse envolée et sans jamais atteindre les échappées libres de l'océan, ils tombent un à un pour ne plus se relever. C'est un monde irréel que le leur, monde peuplé de fantômes et de mirages, terre inexplorée où, par les silences crépusculaires se dégage encore le son de voix familières joint à l'appel du vieux clocher natal. Mais ils ne se retournent point. Ils avancent, en chancelant, vers la Lumière. L'étoile des Rois Chaldéens ne guide plus leurs pas vers la Crèche où reposait l'Enfant sublime. Elle est en la Pensée désormais l'étoile enchantée de leur rêve, et c'est en leur cœur, que brûlent l'encens et la myrrhe et tous les parfums d'Arabie. Le désert se pare à leur adresse et se verdit d'oasis merveilleux, où le gloussement des eaux cristallines se confond avec le murmure du vent dans les palmes. Et les sources où ils se désaltèrent sont les sources mêmes de leur vie; ils vident à grands traits les coupes remplies du meilleur de leur être. La liqueur qui étanche un instant leur soif est aussi celle qui les épuise. Ils ont l'Imagination.

XXVIII

D'autres encore, fidèles à leur périlleuse vocation, quittent de plein gré le campement commun pour faire valoir des terres éloignées et incultes. Aux injonctions de leur âme nomade et libre, ils vont semant gaiement des moissons futures qu'ils ne récolteront point. Sous le soleil ardent, leurs larges torses nus luisent ainsi que des cuirasses héroïques ; leurs bras musculeux esquissent, dans les vastes solitudes, le geste auguste du pionnier. Et leurs regards fixes disent l'indomptable énergie de la race. La Science est leur unique idole, à la fois leur soutien et leur perdition.

XXIX

D'autres, enfin, voués au culte spéculatif, s'arrachent volontairement aux conforts de la demeure ordonnée. La vie imitative ne les engloutira pas dans ses flots monotones et paisibles. Ils fouilleront l'Univers jusque dans ses recoins les plus ignorés et fonderont des systèmes dans lesquels le firmament et ses astres entreront comme des jouets nécessaires. Ils soulèveront les voiles d'un autre Univers, plus proche et moins connu, — celui de l'être intime, — où, dans ses profondeurs d'abîme, ils découvriront les mobiles de l'action humaine. Eux aussi ils ont souffert par la Pensée et tomberont encore sous les coups de leur audace. Car si la Science, positive et démontrable, a provoqué des millions de victimes, combien plus d'holocaustes ne sommes-nous en droit d'attendre de la changeante et versatile Morale?

Il est vrai qu'elle est une, qu'elle repose sur des bases immuables, que des lois rigides en dirigent le cours ininterrompu. Mais ses travestissements sont aussi innombrables que les visées successives des hommes. Dans les coulisses obscures du « devenir », on l'a fardée de mille fards et, pour ses métamorphoses dans la tragicomédie des siècles, on lui a appliqué mille masques ricanants. Jamais, sur le tréteau de l'histoire, l'humanité ne contemplera sa face nue, ni ses formes définies. Afin de parvenir au vrai, il faut avoir épuisé le faux : c'est par élimination que procède l'esprit humain. Or, l'erreur est inépuisable, tout comme la vérité de la Pensée ; elle est nécessaire, car elle constitue l'élément même de sa contre-partie et nous invite à poser le pied sur les degrés ascendants qu'elle a bâtis. En fin de compte, l'erreur n'est-elle pas la vérité en voie de formation ? Nous ne pouvons concevoir, ni ne devons souhaiter les calmes plats de l'idylle éternelle.

XXX

Ainsi, la Morale a dû passer, en ses évolutions, par les stages les plus contradictoires. Elle étala ses différentes devises sur la bannière de tous les peuples et dut se conformer à chaque idéal. En certains temps elle guida la hache du meurtrier, en d'autres elle ignora la propriété ou secourut le pauvre et l'orphelin. Elle se réveilla héroïque et s'endormit charitable. De nos jours encore ne préside-t-elle pas à la boucherie? Recueillie par les religions, elle fut tour à tour contemplation qui oublie, amour qui ne se commande pas, respect qui se commande, volonté qui agit. L'heure est peut-être proche, où elle fera son entrée sur la scène du monde sous un masque nouveau.

La doctrine chrétienne, pour caressante qu'elle soit, ne suffit plus à la pensée contemporaine; la religion qui en est issue satisfait peu l'exégèse historique moderne; le dogme embarrasse, les rites accusent le formalisme. Tant que la religion s'entendait avec la Morale, ou plutôt, tant qu'on croyait que celle-ci ne pouvait se passer de celle-là, le triomphe était assuré. Mais aujourd'hui la Morale menace de faire table à part et refuse de s'associer à des moyens qu'elle dénonce. Les convictions s'affirment qu'elle possède une vitalité indépendante. La religion, conservatrice et inhumaine, ne pouvait forcément retenir la morale, évoluante et souple, qui tend à lui échapper et l'on est en droit de s'étonner qu'il y ait eu accord aussi durable. La foi ne contient aucun élément de morale: tout comme la religion, n'est-elle pas une paresse déguisée? Le fait de se reposer sur une force supérieure et l'assistance certaine à laquelle on s'attend, dispensent forcément de l'action personnelle et réfléchie. Ce n'est pas à contre-cœur qu'on fait endosser à la volonté divine les fautes commises par négligence, ou moins encore les transgressions préméditées. Que de fois les souverains bibliques — sagement imités en des temps plus modernes — n'ont-ils masqué leurs méfaits ou leur incapacité par piété simulée ou réelle. Il n'est pas désagréable d'attribuer à autrui, et surtout à l'Inconnu, le fâcheux résultat de ses actions ou omissions propres. Et il est singulièrement plus facile d'être pieux, que d'être capable ou bon. La foi des religions, en substituant les signatures, et en déplaçant les responsabilités, se met en contradiction avec la morale sur plus d'un point essentiel. Par contre, le doute est l'ignorance méthodique sincère, pour me servir de l'expression de Guyau, et l'abnégation de la pensée. Là où le philosophe ignore, il est moralement tenu de dire aux autres et de se dire à lui-même : j'ignore, je doute, j'espère, rien de plus.

XXXI

Le sentiment le plus original et l'un des plus profondément moraux de notre siècle, — du siècle de la science, — c'est précisément ce sentiment de doute sincère par lequel on considère tout acte de foi comme une chose sérieuse, qu'on ne saurait accomplir à la légère, un engagement plus grave que tous ces engagements humains qu'on hésite tant à prendre : c'est la signature dont parlait le moyen âge, qu'on trace avec une goutte de sang et qui vous enchaîne pour l'éternité. Au moment de la mort surtout, à cette heure où les religions disent à l'homme : abandonne-toi un instant, laisse-toi aller à la force de l'exemple, de l'habitude, au désir d'affirmer même là où tu ne sais pas, à la peur enfin, et tu seras sauvé, — à cette heure où l'acte de foi aveugle est la suprême faiblesse et la suprême lâcheté, le doute est assurément la position la plus haute et la plus courageuse que puisse prendre la pensée humaine : c'est la lutte jusqu'au bout, sans capitulation ; c'est la mort, en présence du problème non résolu, mais indéfiniment regardé en face.

XXXII

Il est aussi reposant qu'aisé de dire : « Je crois » ; on se persuade volontiers soi-même, on se monte la tête sur la fermeté de la foi et, mollement, on s'assoupit sur l'oreiller de ouate. Confortable illusion, en vérité, mélodie douce et berçante qu'on ne devrait peut-être pas plus interrompre, que soustraire au malade le grain de morphine qui va le soulager une heure. Conviction personnelle parfois, pour hasardée qu'elle soit, dont nul n'a le droit, ni le pouvoir, d'ébranler les fondements.

Mais il est autrement difficile et infiniment angoissant de dire : « Je doute. » En chacune de ses générations, constate Reade, la race humaine a été torturée afin que les successeurs profitent des tourments de leurs devanciers. Notre prospérité est basée sur les agonies du passé. Serait-il donc si injuste que nous souffrissions au profit de ceux qui viendront après nous ? Famine, peste, guerres — tous ces fléaux ne sont plus indispensables au progrès actuel de l'humanité. Mais nous approchons d'une ère d'angoisse intellectuelle par laquelle il faut passer pour élever le niveau des hommes futurs. L'âme doit mourir. Une séduisante illusion doit être enlevée à l'humanité, telles la jeunesse et la beauté qui s'évanouissent pour ne jamais revenir.

XXXIII

Mieux vaut un beau rêve, dût-il aboutir au néant, pense l'artiste, ou bien encore le sombre et terrifiant cauchemar qui promet un doux réveil. Non pas, dira le moraliste, mieux vaut la lutte âpre et sincère, le combat incessant et sans trêve, quelque mortelle qu'en soit l'issue, pour le perfectionnement de l'être intime et au profit des gens de l'avenir. La vraie charité selon la Morale, ne consiste point à verser de la main à la main une obole indifférente ou à prêter, en paroles, une assistance compatissante et éphémère, mais bien à tracer, au profit des générations suivantes, les marques indélébiles de son labeur. Au surplus mille intentions ne valent pas un geste ; — Saint Paul, en génial interprète des pensées de Jésus, l'avait certes compris, lorsqu'il disait que la foi sans les œuvres ne valait rien. On pourrait ajouter : les œuvres, sans la foi, valent peut-être plus encore. Après tout, bien que nul céleste message n'ait soulevé jusqu'ici le funèbre brocart qui recouvre les portails de l'Au-Delà, nous ne saurions affirmer, en toute conscience, que l'immense Nef du Temple de la Mort demeure à jamais close, que les cierges y soient éteints devant l'Autel abandonné et qu'aucun desservant, en sa chasuble d'or, n'y entonne les louanges du Très-Haut. Nous ne saurions pas plus affirmer — car le sage est à la limite de l'état d'affirmation — qu'aucun Tribunal Suprême ne juge les morts en dernière instance. Et si tel était réellement le cas, si le mortel se voyait soumis à cette épreuve d'outre-tombe, si Dieu enfin était toute justice et toute compréhension, n'apprécierait-il pas davantage la noblesse et la fortitude de celui qui viendrait lui dire : « J'ai eu la conviction de mon devoir et les hésitations de la sagesse. J'ai agi franchement selon ma pensée. Je ne t'ai point connu parce que tu ne t'es jamais révélé à moi. Loin d'affirmer ou de nier ce que je ne pouvais connaître, j'ai élevé la Morale de mon temps et posé de nouveaux jalons afin que les hommes y montent plus aisément après moi ». Aussi bien n'est-elle point paradoxale, cette sentence profonde : « Aimer loyalement une grande erreur vaut mieux que de servir petitement une grande vérité. » Et celui-là se perfectionne bien plus de ce qu'il fait ou tente lui-même, que de ce qu'il cherche à obtenir d'un autre.

XXXIV

Nous avons dit que la Morale évolue selon les conceptions diverses et les besoins de l'humanité ; qu'elle résulte d'un sens pratique et se conforme aux nécessités progressives de chaque époque de l'histoire. Depuis plusieurs dizaines de siècles, elle gravite autour de certaines maximes universellement reconnues pour leur salutaire efficacité. Devons-nous en conclure que le fond en soit épuisé et que leur stricte observance — combien lointaine, — suffise à conduire les hommes vers un état moral parfait? De nouveaux éléments de Morale, s'adaptant à une société nouvelle, ne viendront-ils pas se superposer aux anciens, les compléter et, peut-être, un jour les supplanter? Nous voyons, dès maintenant, poindre, parallèlement aux progrès de l'assistance publique ou privée, certains symptômes d'évolution future. Le sentiment de responsabilité personnelle, et non plus collective, devant soi-même et non pas devant l'Invisible; l'auto-assistance, le « self-help », pressenti par le grand Emerson qui le comparait à la perle avec laquelle le mollusque blessé répare sa coquille, — tels sont les principes naissants d'une morale individuelle plus pure.

L'idée de responsabilité n'est point une idée moderne, pas plus que sa mise en pratique. Les républiques antiques l'ont cultivée, avant nous, leurs philosophes l'ont proclamée, leurs hommes d'État l'ont réalisée sans défaillance. Mais au cours de la vie nationale, cette idée était l'apanage de quelques élus. Ce qui caractérise notre époque, c'est sa propagation dans les foules. On n'attribue pas impunément, et sans dommage personnel direct, ses actions à autrui. De nos jours on commence à se rendre compte d'une pratique plus saine et plus noble. Le développement de l'idée de responsabilité exerce les facultés de l'esprit et engendre le progrès moral. L'élévation d'un peuple se mesure à l'emploi de ce puissant levier. Chaque métier en prend sa part et y trouve sa source de succès; le développement intellectuel et partant moral de l'individu correspond très exactement à la quantité plus ou moins considérable de responsabilité qui lui est dévolue. « Que l'on compare », dit Guyau, « le métier d'aiguilleur à celui de soldat, on verra que les actions du premier sont forcément réfléchies et développent chez lui l'esprit de responsabilité, tandis que le second, habitué à aller sans savoir où, à obéir sans savoir pourquoi, à être vaincu ou à vaincre sans savoir comment, est dans une situation d'esprit très propre à l'envahissement des idées d'irresponsabilité, de chance divine ou de hasard. » Et qu'on ne nous objecte pas que ceci n'a rien à voir à la morale ; car il est incontestable qu'une responsabilité, pour ainsi dire extérieure, n'ait sa répercussion sur l'être intime et n'y réveille un sentiment d'indépendance et de beauté morale. Une action réfléchie, fût-elle injuste, est supérieure à mille actions irréfléchies, réputées bonnes. Celui qui commet celle-là s'apercevra de son erreur par ses résultats, il corrigera sa faute et fera preuve d'activité utile ; celui qui commet celles-ci demeurera dans le mol assouplissement de l'habitude. Quelle vérité dans cette sentence de Jésus : il y aura de la joie au ciel pour un seul pécheur qui vient à se repentir plus que pour quatre-vingt-dix-neuf justes qui n'ont pas besoin de repentance! Car le repentir, c'est la pensée en éveil; c'est un acte de volonté sincère qui tend délibérément au perfectionnement.

XXXV

Aux côtés de la responsabilité, il se dégage de nos jours un autre principe — non moins efficace, — qui promet de restituer à l'homme une partie de sa dignité perdue et d'en assainir, par une hygiène nouvelle, l'esprit stagnant et désorienté. Nous avons nommé l'auto-assistance ou le « self-help ». Se suffire à soi-même c'est abroger la nécessité d'une intervention active étrangère dans l'économie matérielle ou spirituelle de l'individu. A mesure que la société s'imprègne du devoir de subvenir aux besoins de tous ses membres — et c'est un signe caractéristique des temps —

et que le droit au travail prend corps dans la conscience générale, le champ d'action de l'altruisme se trouve limité en proportion. L'indigence réduite à son minimum, on sera dispensé des indiscrétions du secours. On donnera moins, non pas seulement parce qu'on demandera moins, mais aussi parce qu'on y verra une atteinte à la dignité humaine tant abaissée par une dépendance dégradante. Sauvegarder la dignité d'autrui, c'est aussi sauvegarder la sienne ; et les temps sont proches où la dignité fera partie intégrante de la Morale. L'amour du prochain, jamais pleinement réalisé par son inhumanité même, devra céder la place à un égoïsme fécond et plus noble. La charité, faute d'alimentation, perdra sa raison d'exister et deviendra, peut-être, une expression d'insulte ou de mépris. La pitié, cette grande pitié, tant aimée de Caton et résumée dans ce vers incomparable :

Victrix causa Diis placuit, sed victa Catoni

la pitié, disons-nous, ne sera plus, peut-être, qu'un vain mot. Tout ce qui entre dans le domaine du droit, sort des régions de la Morale. L'obligation sociale dérobe à l'éthique ses règles de conduite et ne les lui rend plus. La Morale ne reconnaît de contrainte, ni de sanction, pas plus qu'elle n'entretient d'espoir de récompense. Elle élargit progressivement l'étendue de ses conquêtes et découvre des contrées nouvelles qui seront enlevées à leur tour. Elle les abandonne de gaieté de cœur et ne les revendique point. Car ses horizons sont aussi infinis que les courants de notre pensée et les impulsions de notre âme. Amour, charité, pitié — toutes ces joies émotives qui ont fait verser, au cours des siècles, tant de larmes d'attendrissement, ne sont d'ailleurs pas près de s'évanouir et la trace qu'elles auront laissée ne s'effacera pas de sitôt devant les sentiments d'une dignité plus haute.

XXXVI

Mais la charité n'est pas seulement donation ou aumône; elle est aussi sollicitude, participation au malheur, consolation de l'affligé; c'est encore immixtion — spirituelle cette fois — dans les affaires intimes d'autrui. Payer de sa personne est devenu un terme élogieux et généralement mal interprété. Devant la douleur impuissante une attitude grave et silencieuse de respect, n'est-elle pas un effort bien plus digne que tous les verbiages présomptueux et oisifs qui ne peuvent consoler? Ne paie-t-on pas mieux de sa personne en s'abstenant de toute vaine parole et en répondant au cri de la souffrance par un écho plus profond? Toutes les tendresses exprimées ne valent guère le geste qu'on retient ou le mot qu'on ne prononce pas. L'action dite désintéressée est toujours une action d'intérêt caché et l'intention la plus pure qui l'a provoquée retombe à quelque mobile de satisfaction propre. L'héroïsme le plus fou et la plus extrême prudence ne sont que les notes d'une même gamme. De la charité la plus grossière au secours le plus discret la distance est minime par le fil qui les réunit. Le calcul qui se fait en nous est plus ou moins conscient; nous profitons plus ou moins des efforts de nos devanciers et du trésor d'expérience amassé par eux afin d'enrichir notre pensée et d'ennoblir notre cœur. La vertu morale ne méconnaît pas non plus les mobiles intéressés qui la guident. Mais ces mobiles sont plus élevés de mille coudées car ils résument le but primordial de toute existence — le perfectionnement de l'individu. Amassons donc des trésors spirituels sur terre, non pas pour les faire valoir au ciel, mais afin que nos concitoyens y participent par la grandeur de l'exemple et qu'un rayon de notre dignité aille éclairer les fronts de nos petits-enfants.

XXXVII

Pour peu que notre dignité morale soit bien entendue et bâtie à la taille de notre pensée, elle ne côtoiera jamais la vanité ou l'orgueil. Elle nous rapprochera des hommes plus qu'elle ne nous en éloignera. Celui qui, fort de sa dignité, s'enfermerait dans sa tour d'ivoire, ou bien, muni de son flambeau, monterait seul sur la colline pour voir de loin ondoyer dans la plaine le troupeau servile des humains, — celui-là n'a point la dignité. « Trop souvent », dit Maeterlinck, « ceux qui pensent sont enclins à mépriser ceux qui passent dans la vie sans penser. » C'est aux côtés de nos frères que nous servirons mieux notre cause et la leur. Il y a dans la dignité vraie, auprès d'une tacite exubérance, un grand fond d'humilité latente. On se blesserait l'âme à force de s'environner d'un orgueilleux silence. Il faut éviter de trop affirmer et douter un peu de soi-même pour parvenir au doute généreux et sincère. Et ce serait la plus fatale erreur, que celle d'ignorer notre héritage de douleur ou de fuir une ambiance à laquelle nous sommes indissolublement liés de par la force des choses. Prendre contact avec les hommes n'est point les imiter et notre spontanéité n'aura guère à en souffrir. Le flambeau que vous tendez n'en allumera-t-il pas des millions d'autres sans perdre un atome de sa flamme ou de sa clarté? Ceux qui ont méconnu la réalité auront peut-être fait œuvre d'art; ils ne feront jamais œuvre de morale. On aura beau s'isoler dans les nuées ou découvrir le feu divin, le soleil fera toujours fondre la cire de nos ailes et Zeus nous enchaînera toujours à quelque terrestre rocher.

XXXVIII

Mais l'humilité dont nous parlons n'est point l'humilité chrétienne, tant s'en faut. Le royaume des cieux selon celle-ci appartiendrait à l'enfant, à l'irresponsable. A ce taux-là, un Spinoza ou un Nietzche risqueraient les tourments éternels de la géhenne et le monde ne progresserait qu'au prix du sacrifice de ses plus illustres citoyens. Et encore, serait-il bien méritoire de prendre modestement sa place au bout de la table, avec l'assurance que cet acte d'humilité fausse vous ménagerait une place d'honneur au banquet céleste? Nous ne le pensons pas. L'humilité morale n'interdit point l'essor de la pensée et ne connaît aucune préséance. Elle égalise le plus profond penseur et l'esprit le plus pauvre au repas commun. Il n'y a si pauvre d'esprit qui ne puisse faire acte d'humilité; il n'y a si profond penseur qui ne découvre, au contact de ses semblables, quelque nouvelle vérité. Et le commerce courtois qui s'établit entre eux sera profitable à l'un et à l'autre.

XXXIX

Un des malheurs de l'homme c'est son inégalité d'âme. Il vit par sauts et par bonds. « Aequanimitas » est la dernière parole d'un empereur romain qui fut un sage. Méfions-nous davantage, peut-être, de nos élans vers le bien, que de nos chutes dans le mal. Il est plus facile, a dit quelqu'un, de faire parfois sourire que de ne jamais faire pleurer. Non pas qu'il faille pratiquer l'indifférence, mais cultiver un sentiment d'intérêt égal envers toute créature; non pas se soumettre à l'habitude, mais veiller sans cesse à se déshabituer; non pas imiter, mais opposer, avec sereine régularité, l'effort d'une personnalité consciente. Qui de nous n'a ressenti ces impulsions soudaines de générosité qui bouleversent l'équilibre de l'âme, ces abandons subits de soi-même, ces mouvements de révolte contre la monotone routine des choses? Et lequel de nous n'est rentré meurtri ou déçu pour reprendre un joug qu'il a vainement tenté de secouer? C'est qu'on a fait fausse route et qu'il est humainement irréalisable de soutenir un rôle supérieur. La suprême sagesse morale consiste à rester au diapason de soi-même. On aura beau récolter des lauriers, cueillir la fleur des sommets ou chercher à s'immoler en de glorieux sacrifices, c'est à force de se surveiller à toute heure et en demeurant soi-même qu'on s'émancipe le mieux et qu'on servira plus sûrement son idéal. Le désenchantement vient toujours d'avoir trop présumé de la réalité; c'est une déchéance de notre âme. De même que nous accordons plus de confiance à celui qui tient constamment un peu plus qu'il ne promet, nous ne nous trompons jamais en nous tenant un peu *au-dessous* de la réalité. Celle-ci apparaîtra de ce fait plus désirable et plus belle, et notre âme jouira pleinement des douces surprises que sa modération même lui aura ménagées. La réponse que me fit un jour le chef d'une tribu d'Afrique est digne d'être évoquée, car elle fut aussi celle d'un sage. J'avais étendu devant lui une de ces tuniques multicolores qui flattent l'œil des indigènes et que je le priai d'accepter. « Qu'en ferais-je? » s'exclama-t-il, après un moment de réflexion et le regard encore brillant de convoitise : « Vois mon costume de lin grossier et les guenilles de mes sujets. Le somptueux vêtement que tu m'offres, pourrai-je le porter toujours? Lorsqu'il sera usé, ne devrai-je point reprendre avec regret celui que tu vois aujourd'hui sur moi et qui, désormais, m'offenserait la vue? En vérité, je ne puis l'accepter qu'à condition que tu me le renouvelles, sinon je le refuse. » Je me découvris devant cette sagesse et remportai mon cadeau. Gardons-nous donc de rechercher les trop riches atours et méfions-nous de l'exceptionnel ; mais élevons progressivement le niveau de l'ordinaire. Qu'un encens plus égal brûle sans cesse sur l'autel de notre pensée, et l'exceptionnel d'hier deviendra pour nous l'ordinaire de demain. Que le temple de notre âme repose sur l'immuable monolithe d'une conscience en éveil, afin que si la pluie tombe, si les torrents surviennent ou si les vents se déchaînent au dehors, nulle violence ne puisse ébranler les assises du sanctuaire éternel.

XL

Nous avons dit que c'est en se surveillant à toute heure qu'on servira plus sûrement son idéal. Quel est donc cet idéal qu'on sert et peut-on seulement se l'imaginer? Le chrétien paraît l'apercevoir au delà du voile opaque qui nous cache les cieux. Mais celui qui est né sourd, peut-il moduler un chant, tout comme l'aveugle-né peut-il obtenir les effets d'une pittoresque vision? Le conteur charmant que fut Oscar Wilde, nous dit, à ce sujet, la légende suivante, issue de son esprit païen[1]... « Puis il se fit un grand silence dans la Chambre de la Justice de Dieu. — Et l'âme du pécheur s'avança toute nue devant Dieu. Et Dieu ouvrit le livre de la vie du pécheur : « Certainement ta vie « a été très mauvaise : Tu as... (suivait une prodigieuse énumération de péchés). « — Puisque tu as fait tout cela, certai- « nement je vais t'envoyer en Enfer. — « Tu ne peux pas m'envoyer en Enfer. — « Et pourquoi ne puis-je t'envoyer en « Enfer? *Parce que j'y ai vécu toute ma « vie.* » Alors il se fit un grand silence dans la Chambre de la Justice de Dieu.

1. André Guide « In Memoriam ».

« Eh bien! Puisque je ne puis pas t'en-« voyer en Enfer, je m'en vais t'envoyer « au Ciel. — Tu ne peux m'envoyer au « Ciel. — Et pourquoi est-ce que je ne « puis pas t'envoyer au Ciel? — *Parce que* « *je n'ai jamais pu l'imaginer.* » Et il se fit un grand silence dans la Chambre de la Justice de Dieu ».

La vie de ce pécheur représentait, à ses yeux, une telle somme de souffrances qu'il ne pouvait s'en imaginer de plus grandes ni de plus amères, le Ciel — un tel degré de béatitude que sa pensée ne parvenait à le concevoir. Nous ne pouvons acquérir que ce qu'il est donné à la pensée d'embrasser et le clos de nos vendanges est enserré dans les limites du visible. L'imagination nous obtient ainsi le Ciel *ici-bas*. Mais elle a beau nous prendre la main et nous conduire, douce fée, par les sentiers d'un monde irréel, nous n'y contemplerons jamais que les mêmes fantômes humains, les fleurs merveilleuses de nos jardins ou les aubes resplendissantes de nos horizons.

Pour nous, l'irréel n'est qu'une combinaison nouvelle de l'existant. Les plus grands génies n'ont rien créé qui ne fût déjà, et « les plus nobles bienfaiteurs de l'humanité, — Philosophes, Prophètes ou Artistes — ont mérité leur distinction, non pas en nous apportant des messages de régions où ils furent seuls à pénétrer, mais en nous proposant des vérités et des chefs-d'œuvre dont notre Esprit accepte l'évidence ».

Le pinceau d'un Raphaël empruntera les traits du vieillard, pour représenter l'image du Créateur. Aucune autre conception, — malgré l'inspiration élevée que prête le sujet, n'est parvenue à en exprimer l'essence supra-terrestre. Les artistes religieux, dans leur tentative « d'exceptionnaliser » sur leurs toiles la Vierge, Mère de Dieu, n'ont su la reproduire que sous sa forme réelle, celle d'une femme toute à la joie de sa maternité ou abîmée de douleur, au pied de la Croix déshonorante. Et l'expression la plus humaine qui lui est donnée est encore celle qui la divinise le mieux. Seul, un cercle lumineux, la symbolique auréole qui entoure les fronts béatifiés, semble glorifier les célestes Élus. L'effet que produit sur nous l'œuvre la plus simplement réaliste est un aveu de l'impuissance imaginative de l'homme. Les contours les plus simples sont à nos yeux aussi les plus nobles. Henri Heine concevait le paradis comme un cénacle d'élus empennés chantant alleluia assis autour du Trône, sur des nuages mouillés. Cette image est moins une raillerie à l'adresse du bienheureux séjour, qu'un signe d'incapacité à nous le figurer.

XLI

Tout ce que nous paraissons créer préexiste dans la matière, traitée par notre esprit ; nous ne la reproduisons qu'avec plus ou moins d'harmonie. Les ailes de notre fantaisie palpitent invisiblement contre les parois d'une étroite demeure, comme l'oiseau prisonnier cherche à recouvrer l'espace en se frappant aux vitres translucides, à jamais closes de sa prison.

L'Homme est un dieu tombé qui se souvient des [cieux.

On dit que Michel-Ange voyait dans les blocs informes de marbre, se mouvoir les torses herculéens et les figures grandioses qu'il en extrayait. Pour lui, ceux-ci vivaient déjà de vie humaine et son ciseau n'avait qu'à éloigner les parties superflues de la pierre pour en dégager des titans captifs. L'air était saturé de mélodies héroïques ou funèbres autour d'un Beethoven, avant que le clavecin ne les fixât en accords définitifs et éternels. Et la scène biblique se déroulait depuis longtemps sous « la faucille d'or dans le champ des étoiles », avant d'être recueillie, en strophes immortelles, sur le vélin de Victor Hugo. L'œuvre humaine se voit réduite à l'énonciation d'une vérité nécessaire ou à la divulgation d'une beauté existante; toute création de l'homme n'est, en fin de compte, qu'un ajustement de la nature à ses besoins matériels, à ses goûts esthétiques, à ses aspirations morales. La nature inartistique et passive en elle-même, nous fournit les ressources pour des combinaisons variables à l'infini. Par l'effet de croisements sans nombre, le cheval primitif des steppes de Mongolie n'est-il pas devenu le coursier nerveux et rapide de nos verts hippodromes ou le percheron puissant et doux de nos agriculteurs? L'humble églantine des champs, ne la voyons-nous pas refleurir dans nos parcs somptueux, en roses suffisantes et pompeuses? Et les greffages savants n'ont-ils produit l'orchidée mystérieuse de nos serres chaudes, la tulipe rarissime de l'amateur ou la rose bleue de nos songes?

XLII

L'aventureuse Pensée, à la poursuite de l'irréel, s'arrête parfois, pantelante et surprise, devant l'image familière et trop connue. Daphné, la fuyante Daphné, que l'homme croit un instant saisir, n'est qu'un laurier insensible et muet. Distraitement elle parcourt les étendues qui se déroulent, en nappes blondes, sans voir que dans ce fol essor elle a fait un tour qui la ramène infailliblement au seuil de sa maison. Mais faute de pouvoir atteindre un idéal qui s'échappe, l'imagination humaine n'en a pas moins peuplé, sur son passage, la solitude des monts ou le silence des bois et des eaux, d'êtres graves ou moqueurs qui semblent nous parler une langue qui n'est pas la nôtre. Tout ce monde d'à-côté, créé à notre image, se joue gaiement de notre naïveté; tantôt il nous foudroie de ses rancunes ; tantôt il nous attire dans des pièges ou nous confond par ses espiègleries. Il ne diffère que peu de nous-mêmes par les formes que nous lui prêtons, et nullement par les sentiments dont il s'inspire. Il a nos colères, nos lubricités, nos ruses et nos malices. C'est nous-mêmes enfin, extériorisés. N'est-ce pas un nid d'aigle, que ce rocher de l'Olympe, du haut duquel les dieux s'abattent, comme une volée de condottieri sur les plaines d'alentour pour y répandre la terreur et la frénésie de l'amour ? nos passions vivront toujours. Le Faune aux sabots fourchus fuit à notre approche et nous le surprenons parfois, assis dans la clairière sur les taches grasses de soleil jouant de la flûte à quelque ronde de sylvains ; nous écoutons le mystère et le calme angoissant de la forêt ; au large des rivages enchantés d'Amalfi, la Sirène peigne ses tresses glauques avec un peigne d'or et module ces chants ensorceleurs qui séduisent la barque égarée sur la vague. Notre nef brave tous les écueils.

Et les Gnomes barbus fourmillent dans la nuit des régions souterraines pour recéler des trésors amoncelés par les âges. Nous recherchons des filons introuvables. Puisque nous savons nous l'imaginer, ce monde existe donc, comme la réflexion matérialisée, qu'un miroir magique nous renverrait, des sentiments infinis qui nous agitent.

XLIII

L'imagination étant une faculté de la Pensée en quête de l'Idéal, les religions diverses établies sur notre globe en ont fait ample usage ; elles déclarent chacune à sa façon que cet idéal est désormais trouvé. La Morale, au contraire, s'abstient de cette affirmation ; elle interroge encore et à tout instant. On peut dire de Jésus, comme nous l'avons dit tout à l'heure de Michel Ange, que dans les blocs informes de la Conscience, il apercevait les lignes harmonieuses d'une Vérité durable. Sa pensée, comme le ciseau du Maître, n'avait qu'à éloigner les couches grossières de la tradition, pour mettre à nu les Beautés essentielles et vivantes. Cependant le rôle de l'imagination est sensiblement amoindri dans le domaine moral. L'esprit ne saurait s'égarer bien loin devant les injonctions et les verdicts de la conscience. Ceux-là sont rares, qui, doués d'une double vue, découvrent les chefs-d'œuvre latents de l'Univers. Mais la vue simple est à la portée de chacun et nous sommes tous, dans l'assiduité de notre arrière-boutique, de très petits ouvriers d'art. Nous sommes tous enclins à négliger la besogne quotidienne qui, pour circonscrite qu'elle soit, n'en est pas moins profitable, ni moins vaste. Les matériaux distribués, en part égale, n'exigent nul traitement spécial, nulle connaissance qui ne soit accessible à chacun. L'aristocratisme de l'Art, — religieux ou païen, — trouve, en quelque-sorte, son contrepoids dans le démocratisme niveleur de la Morale et l'inégalité imaginative de l'homme se voit compensée par l'égalité de ses moyens de perfectionnement. S'il est réservé à une élite restreinte d'interpréter les manifestations augustes de la Nature, par contre, chacun peut et doit résoudre les menus problèmes de l'être intime. Le champ d'activité en est plus étendu qu'on ne croit. Comme la gouttelette d'eau, observée au microscope, contient des mondes, ainsi notre âme renferme en elle des impulsions sans nombre que nous devons faire passer sans cesse au tamis de la Pensée. Les verdoyantes échappées d'une fantaisie vagabonde ne charmeront peut-être point nos regards et nos sens, mais il y aura suffisamment de joie sur terre, — et qui sait? au ciel, — pour chaque renouvellement partiel de notre logis. « Sur chacun des objets qui se présentent, dit un stoïcien, souviens-toi de rentrer en toi-même et d'y chercher quelle vertu tu possèdes pour bien user de cet objet. Si tu vois un beau garçon ou une belle fille, tu trouveras contre ces objets une vertu qui est la continence; si c'est quelque travail, tu trouveras le courage; si ce sont des injures, tu trouveras la résignation et la patience. Si tu t'accoutumes ainsi à déployer sur chaque accident la vertu que la nature t'a donnée pour le combattre, jamais tes imaginations ne t'emporteront. » Sage précepte en vérité. Mais ne sent-on pas qu'il y manque quelque chose? N'éprouvons-nous pas le besoin de concilier la Morale et l'Art, et, donnant vacance à la Pensée austère, d'enfourcher parfois le Pégase ailé de notre fantaisie?

XLIV

Il est doux de reposer dans le Beau la Pensée vouée à un incessant labeur. L'antinomie que certains ont voulu voir, entre la Morale et l'Art, est une apparence dont il sied de se méfier. Dans leurs domaines enclavés, les routes se croisent et s'enchevêtrent sur le parcours ascendant de l'Idéal. Le Discours de la Montagne est une œuvre d'art, de même que la Victoire de Samothrace ou le Pensieroso sont des œuvres de Morale. Le vandalisme chrétien et les fanatismes religieux furent des manifestations aussi inartistiques qu'immorales ; de nos jours nous subissons encore le contre-coup des débordements qui ont porté si grave atteinte au calme souverain de l'Art et de la Tolérance. Comme l'art, la Morale pure est une harmonie mystique qui s'établit entre l'homme et son ambiance. Aucune note discordante n'en doit troubler l'accord ; aucun trait superflu n'en doit altérer le profil serein. La mélodie qui se lamente ou le masque tordu par la douleur peut évoquer en nous de saines impulsions ; de même que l'action intérieure spontanée ou répressive peut accorder à nos sens d'émotives joies. Nous voyons matériellement, pour ainsi dire, la noblesse de certains sentiments ; nous sommes spirituellement transportes devant la dignité simple de certains chefs-d'œuvre; Les deux font appel à ce qu'il y a en nous de meilleur et de plus délicat.

Mais, afin d'offrir ou de goûter soi-même les jouissances promises par la Morale et l'Art, il faut que la Pensée se meuve plus à l'aise et acquière des coudées plus franches. Les entraves héréditaires sans nombre ont imposé à l'âme ce séjour d'obscurantisme monacal et rigide par lequel elle doit passer avant de parvenir à sa renaissance. Né dans la servitude, issu de conceptions étrangères, environné de superstitions et de préjugés séculaires, l'homme pense forcément en esclave. Ses idées ne sont pas les siennes, ses gestes sont ceux d'un autre. C'est à l'aide d'efforts continus, qu'il parvient à discerner ce qui est personnel en lui; c'est au prix de la révolte qu'il reconquiert son « moi ». La morale « officielle » ne lui est plus d'un grand secours, soit parce qu'elle est entrée sous le régime de la contrainte, soit à cause de son inapplicabilité même. Nous n'avons aucun mérite à respecter la propriété d'autrui ; aucun effort de la Pensée ne nous fera aimer notre prochain comme nous-mêmes. Mais se respecter soi-même en autrui est autrement utile et possible. La conduite morale — aussi bien qu'esthétique — exige cette atmosphère de liberté absolue et de respect réciproque, qui ne peut lui être accordée que par la tolérance. Sur les tablettes du Sinaï le Dieu des nuées a oublié d'inscrire un onzième commandement, le plus nécessaire peut-être : « Sois tolérant. » Et tous les épisodes regrettables, tous les retours fâcheux de l'histoire morale de l'humanité sont dus, en grande partie, à cette omission. Si nous imprégnons notre âme de ce principe fécond, tous les menus détails dont notre vie est constituée, prendront un aspect nouveau et plus intéressant. Les cent mille petits commandements qu'on néglige, pour l'observance automatique et stérile du « sous-entendu » ou l'acquisition d'un amour surhumain et impossible — ces cent mille petits commandements, dis-je, nous enjoignent une pratique plus vivante, nous indiquent autant de devoirs plus pressants. Le vol ou l'adultère sont généralement de moins graves délits qu'une compromission avec soi-même, que le mépris d'une opinion, qu'un manquement à la dignité. Il n'y a peut-être crime plus grand que la suppression d'un sourire sur la face d'un enfant.

XLV

Ce qui amène l'usure de l'âme c'est la continuité inactive et l'abandon de l'Esprit; et il est pénible de loger un dieu dans des ruines. Afin de la rajeunir sans cesse, à chaque vibration de la Pensée doit répondre une pulsation sympathique de l'Ame.

Si notre patrimoine est composé de préjugés et de coutumes contre lesquels la méditation saine peut réagir, nous n'en sommes pas moins les bénéficiaires d'un legs de raffinement et de bon goût que nous sommes tenus de conserver et de faire valoir. Nous sommes les dépositaires, — fidèles ou indignes, — des aspirations esthétiques et morales de nos aïeux. Ici encore, la tradition nous dicte des gestes imitatifs et c'est à peine si nous demeurons les maîtres chez nous. L'homme se contente trop de conserver, sans chercher à faire fructifier; il se complaît trop volontiers dans l'aisance de son rôle de descendant, pour assumer celui d'ancêtre. Et la part qu'il verse au trésor commun se réduit au maintien des monuments du passé. Il admire machinalement, machinalement il fait le « bien ». Nulle beauté n'évoque en lui de beauté correspondante, nulle vérité ne trouve en lui d'écho fécond et réel. Au cours des années qui lui sont départies, il passe, pour ainsi dire, *à côté de son âme*, le long de la route poudreuse, sans s'abreuver aux sources cachées, sans respirer l'arome des floraisons fraîches. Puis quand l'ombre du soir s'étend au versant de la colline, il ne s'aperçoit pas, dans sa lassitude, de l'aridité du parcours achevé. Aucun regret tardif n'illumine un instant sa pensée aux dernières lueurs du jour expirant. Pris d'un effroi stérile il s'agenouille comme les autres à l'approche des ténèbres et comme les autres, se dissout dans la nuit éternelle. Gardons-nous donc pendant qu'il en est temps, d'atrophier la Pensée et de rouiller le mécanisme de l'Esprit. Nous couvons en nous une puissance de jouir qui ferait croire à l'existence du Ciel ici-bas ; si nous la négligeons, serons-nous bien en état de la recouvrer ailleurs ?

XLVI

Il n'est de préparatif sincère qui ne porte fruit ; il n'est d'imprévoyance qui ne nous soit funeste. La vierge sage se prémunit d'huile pour allumer la lampe qui éclaire la venue de l'Époux. La Pensée se pare pour faire à la Vérité les honneurs de son logis. Du moment où l'homme dispose d'un certain temps et de valeurs certaines, il serait criminel de n'en point profiter. Plus il en fait usage et plus il découvre de ressources en lui. A chaque échelon, succède un autre dévoilant un horizon plus large, des parterres émaillés de fleurs plus riches et plus belles. Et que sa solitude spirituelle ne le décourage point. Semblable au jeune Prince des Contes de Perrault, il pénètre dans le château enchanté. « Il traverse plusieurs chambres pleines de gentilshommes et de dames dormant tous, les uns debout, les autres assis. Il entre dans une chambre toute dorée ; et il voit sur un lit, dont les rideaux étaient ouverts de tous côtés, le plus beau spectacle qu'il eût jamais vu : une Princesse qui paraissait avoir quinze ou seize ans et dont l'éclat resplendissant avait quelque chose de lumineux et de divin. Il s'approche en tremblant et en admirant et se met à genoux auprès d'elle. Alors, comme la fin de l'enchantement était venue, la Princesse s'éveilla... »

Ainsi jaillit la Vérité. Ainsi l'âme s'éveille, telle une Princesse qui aurait dormi cent ans, au contact de la Pensée chevaleresque et vaillante. Il faut quitter les chemins battus, s'enfoncer dans le mystère des bois et ne pas craindre de n'être suivi de personne, car, derrière nous, les arbres se rapprochent, dès que nous avons passé... Notre âme naît vieille dans le corps, a dit Wilde; mais qu'elle ait appartenu jadis au très haut et très puissant Seigneur, au Barde nonchalant et sensible, ou au Manant corvéable et craintif, elle n'en demeure pas moins éternellement jeune par sa vertu constante de réceptivité. L'enthousiasme de la jeunesse, l'ingénuité du sourire, les harmonies du Beau et du Vrai sont aussi évocables si, dans la cour du manoir, l'herbe croît entre les pavés disjoints et si la bise y souffle par les fentes des cloisons. Ce sera notre mérite, par contre, et notre réjouissance à la fois, d'assurer à l'âme cette causerie permanente et intime avec la pensée, dont les sujets sont aussi inépuisables que les secondes fuyantes et les grains de sable de la mer. « Il y avait quatre heures qu'ils se parlaient (le jeune Prince et la Princesse jolie) et ils ne s'étaient pas encore dit la moitié des choses qu'ils avoient à se dire. »

XLVII

Pour peu qu'un grain de sagesse relève la fadeur des mets présentés, nous nous apercevons bien vite que les formules héréditaires laissent une marge plus que suffisante à l'entreprise personnelle et à l'activité spontanée durant une existence. Nous pouvons apposer notre sceau, si nous en avons la résolution ferme, à chaque acte courant et journalier. En transmettant à nos descendants le volumineux dossier de nos efforts et de nos doutes nous leur laissons aussi des pages blanches ou à moitié noircies qu'il dépendra d'eux de remplir ou de compléter. Et mieux vaut encore rayer maintes pages noircies par d'autres que de n'en entamer aucune soi-même. Il faut se persuader que rien de ce qui peut passer par le crible de notre pensée, ne saurait nous être imposé; que nulle détermination n'est valable qu'à la condition d'être auparavant soumise à une critique impartiale de l'esprit. C'est au développement de cette critique intérieure et à l'impartialité de tout jugement intime que doit tendre l'éducation des hommes actuels. Il n'est point accordé à tous de vivre la vie intense, de deviner, sous les réticences d'un univers discret, les beautés qu'il recèle, d'admirer enfin, ou d'aimer. Mais chacun peut — et doit — faire fructifier l'avoir qui lui est échu. Combien vraie est cette parabole des talents : Seigneur, tu m'as confié cinq talents; voici, j'en ai gagné cinq autres par-dessus. A chacun qui a il sera donné et il en aura encore plus; mais à celui qui n'a rien, cela même qu'il a lui sera ôté. C'est l'essence du devoir et l'inévitable peine du manquement, que contiennent ces immortelles paroles. Le grand rôle de l'éducation est de suppléer en quelque sorte aux lacunes de l'inégalité naturelle et de fournir à chacun les moyens d'ajouter encore plus à ce qui lui a été donné. Élever est devenu synonyme de construire et de hausser quelque niveau inférieur. Élever, c'est aussi embellir et orner. De nos jours, les foules prennent conscience du besoin d'un embellissement de la vie, que la satisfaction matérielle et l'observance irréfléchie de rites extérieurs sont impuissants à leur accorder. Elles cherchent un confort plus spirituel et veulent des fleurs plus délicates au seuil de leurs chaumières. « Le monde est à présent, dit Wells, pour l'homme du commun, une résidence meilleure qu'il ne l'a jamais été avant, le spectacle en est plus large, plus riche, plus profond, et plus chargé d'espoir et de promesses. Parmi les influences générales qu'on est si aisément porté à ignorer, on ne saurait méconnaître la vaste et croissante profusion de ceux qui parcourent librement le Monde, qui lisent librement, qui pensent et parlent sans entraves,... le nombre sans précédent de demeures bien ornées, d'enfants soignés, vigoureux et interrogateurs. » Mais l'abri, la nourriture et le vêtement ne suffisent point à assurer le bien-être ; les formalités d'un culte reconnu risquent de tromper l'attente. L'heure a sonné pour des réponses moins positives et partant plus franches. Qui sera l'homme d'entre vous qui donne une pierre à son fils, s'il lui demande du pain ? Et s'il lui demande un poisson lui donnera-t-il un serpent ? Aux milliers de regards questionnants et de fronts anxieux fixés sur nous, répondra-t-on le visage grave, par cette sécheresse évasive et conventionnelle qui n'est, après tout, qu'une fin de non-recevoir? L'éducation vraie ne fournit, en réalité, aucune réponse, mais découvre à l'enfant tous les moyens de recherche. Elle n'affirme rien, mais propose beaucoup. En rendant sourire pour sourire, elle place l'âme en communication directe avec la pensée. Elle établit, sans rien imposer, ces relations qui portent fruit plus tard dans l'atmosphère créée par une liberté absolue de choix, par une interprétation toute personnelle des chefs-d'œuvre entrevus de Morale et d'Art. Son attitude la plus belle est de ménager au torrent de la Pensée un accès libre à l'Océan de l'âme.

XLVIII

D'autre part, il existe encore, au siècle où nous vivons, de vastes royaumes, étalés sur le globe, où la Bonne Parole n'a point été entendue, où les brebis dispersées sont en quête du Berger, où le troupeau assoiffé se désaltère aux flaques stagnantes et contaminées des plaines. Dans la pénombre crépusculaire des jours, on distingue, le long d'une voie bordée de tombeaux, des foules compactes épeurées avançant le front bas et le regard fuyant. Ils craignent encore l'approche, terrifiante pour eux, des monts, qui dressent leurs silhouettes noires sur un ciel orageux et lourd, mais qui recèlent le diamant des sources claires et la turquoise des lacs azurés.

Joyaux tombés du doigt de l'ange Ithuriel.

Sans guide, ils se lamentent sur le morne chemin, et le chant qu'ils entonnent, pour distraire leur trajet, est un chant plaintif et douloureux. Ils craignent encore un Dieu qui les condamne, alors que ce Dieu est en eux; ils soupirent après une délivrance, alors que leurs tourments sont leur propre ouvrage; ils implorent ce qu'ils peuvent obtenir d'eux-mêmes. Et leur âme, divine corolle, demeure fermée, se fane et se dessèche, sans la Pensée, fraîche rosée du matin.

On voudrait parfois se représenter le retour sur terre, après dix-neuf cents ans, de Celui qui a dit que le royaume des cieux est en nous. Contemplerait-Il avec satisfaction le succès de Son œuvre? Reconnaîtrait-Il Son nom aux millions de lèvres qui l'évoquent à tout instant? Ne se détournerait-Il pas avec tristesse d'un spectacle qui Lui eût rappelé les heures arides d'autrefois, souffertes parmi les scribes et les pharisiens? Sa jeune confiance des temps galiléens se fût heurtée derechef contre les rocs stériles d'une Judée moderne et les reproches de Son cœur désenchanté se fussent tournés vers ceux-là mêmes, peut-être, qui allèguent aujourd'hui Sa parole. Tout comme jadis, Il eût revu l'humanité se débattant entre les tentacules sans cesse renaissantes de la Thora, pieuvre éternelle, qui lui suce la pensée. Il eût entendu tout comme jadis, des docteurs scolastiques discourant sur la Loi, la lettre régnant sur l'Esprit, des grands-prêtres officiant, et excommuniant, des pharisiens se frappant avec ostentation la poitrine et rendant grâce à Dieu de ce qu'ils ne sont point comme les publicains; ceux-ci, enfin, répétant : « Seigneur, aie pitié de moi, pauvre pécheur ! » Et, comme jadis Il eût attiré à lui l'humble et le persécuté et peut-être aussi celui qui a fait preuve d'un effort sincère. Car la recherche du vrai et du beau sont des efforts sincères, tout autant que le repentir ou le pardon, ces éléments essentiels de la pensée de Jésus. La réconciliation se produit au sein de la Morale qui peut justifier l'un et l'autre, à condition d'abolir toute sanction extérieure. Au point de vue moral, se repentir c'est vouloir se perfectionner en changeant une ligne de conduite reconnue nuisible par l'esprit; pardonner, ce n'est pas remettre une faute à quelqu'un, mais bien reconnaître qu'on s'était fait dommage à soi-même en en voulant à autrui;

c'est aussi vouloir se perfectionner. L'objet passe au second plan, mais le sujet trouve en lui-même sa force et sa récompense. Si tous s'accordaient à agir de la sorte, sous les ressorts d'une pensée active, l' « objet » disparaîtrait de terre pour laisser place à des sujets libres et vivants.

XLIX

A Dieu ne plaise qu'on nous accuse de nier le progrès moral depuis vingt siècles d'ère chrétienne ou même depuis treize siècles de l'hégire. On est trop enclin à faire bon marché de l'histoire. Jésus eût retrouvé, sans doute, le même obscurantisme invétéré ; Mahomet eût, certes, déploré l'interprétation étroite et arbitraire de ses préceptes. Loin de se glorifier de l'étonnante propagation de leur doctrine, tous deux transportés à notre époque, eussent pleuré, peut-être, sur la faillite de leur rêve. Mais en réalité eux-mêmes, au xxe siècle, eussent été *autres*. Toute hypothèse de réapparition doit tenir compte des conditions nouvelles et des changements survenus. Si la distance morale d'homme à homme est restée la même, cela ne veut pas dire que le niveau général ne se soit élevé. Les conforts du bourgeois de nos jours dépassent sûrement ceux de Versailles à l'époque du Grand Roi ; mais, entre eux, la relation ne s'est point modifiée. *Comparativement*, rien n'a changé ; historiquement, l'humanité, prise en bloc, est sans conteste, plus éclairée, plus pensante, partant plus morale, et plus unifiée, plus solidaire qu'aux époques où vécurent les fondateurs des religions. Tout mouvement religieux fut, au début, provoqué par l'excès de quelque abus local, par l'intempérance de quelque autorité trop confiante en son infaillibilité ou en sa force. Ce n'est que plus tard, au fur et à mesure de la sympathie populaire trouvée, que ces doctrines, de négatives qu'elles étaient, devinrent positives et obtinrent un écho plus général. Avant d'être le Fils de l'homme, Jésus fut longtemps le fils de Marie. Le monde d'alors n'avait rien de commun avec le nôtre. Chaque nation constituait un microcosme distinct et le manque de communications créait des barrières entre elles, que franchissaient un nombre fort restreint d'itinérants. Sur toutes ces unités s'étendaient les ailes immenses et tutélaires de Rome, dont les proconsuls veillaient à l'intégrité de l'Empire sans trop intervenir dans les affaires intérieures des peuples soumis. La nation juive, en particulier, jouissait de tous les privilèges de l'autonomie et se targuait de cette exclusivité jalouse, fondée sur la conviction de sa mission spéciale, — qui devait la perdre plus tard, mais qui lui servit à enfanter un Dieu. Elle ne s'était guère trompée de beaucoup dans ses abstraites prévisions; elle semble, par contre, avoir fait fausse route sur le sujet même de ses attentes. La psychologie des nations, à l'instar de la nature humaine, reconnaît rarement la réalisation des espérances conçues. L'homme se nourrit de rêves peu définis que dans son for intérieur, il ne tient pas tant à atteindre. Au fond, il veut plutôt espérer, qu'obtenir. Car toute réalisation est une fin partielle et rien ne doit finir selon les lois de la Nature; car le désenchantement succède invariablement à l'obtention. De jeunes espoirs se reforment sur l'empreinte, déjà vieille, des précédents; de nouveaux projets d'avenir viennent continuer l'œuvre de vie, qui paraît un instant interrompue. Nul n'est longtemps prophète en son pays, ni ailleurs.

L

La réclusion morale d'Israël, son ignorance de tout progrès parallèle développa en lui cette superbe assurance qui aboutit au fanatisme. D'autre part, son orgueil spirituel, qui ne trouvera son égal que dans la papauté, sa fatuité hiérarchique, engendrèrent ce bureaucratisme inexorable et formaliste de la Conscience, contre lequel s'éleva tout d'abord, la voix compatissante de Jésus. En confiant *son* doute sincère à un cénacle restreint d'amis, Jésus puisa graduellement, dans l'accueil chaleureux que lui firent ses compatriotes galiléens, l'énergie nécessaire à la propagation de sa doctrine positive. Mais il est incontestable que son point de départ fut une négation, que l'impulsion première de sa pensée fut un mouvement de révolte. L'époque de la Préparation, la plus intéressante peut-être, nous est restée inconnue. Nous perdons les traces de Jésus à douze ans; à trente ans nous retrouvons le Maître. Que s'est-il passé durant ces dix-huit années, où son âme tendre s'ouvrait à la vérité, comme la blanche corolle aux lueurs naissantes de l'aube? Est-ce à défaut d'informations, est-ce à dessein que les évangélistes, biographes partiaux, ont omis de nous transmettre les phases hésitantes de l'Adolescent et la maturation printanière de ce beau Génie? Il est à présumer que nous devons à l'esprit tendancieux des Écritures cette irrémédiable lacune historique, que nul effort imaginatif ne peut désormais combler. L'auréole divine doit éclipser la morale humaine; sous le masque du Dieu, l'histoire a voulu cacher l'homme. Et pourtant que de douces émotions à jamais disparues dans la nuit de ce délicat passé, que de charmantes controverses ignorées, que de joies défendues par le silence délibéré qui entoure le gracieux réveil! Nous sommes introduits dans l'atelier du Maître au moment même où, sa toile achevée, il y applique son dernier coup de pinceau; mais des couleurs employées, des esquisses ébauchées, des retouches diverses et des remaniements du chef-d'œuvre nous ne savons absolument rien. Toujours est-il que nous retrouvons Jésus triomphant de ses défaillances, déjà connu et goûté de la multitude inquiète. A tout prendre, cette omission capitale est une atteinte aux droits de la postérité. Chaque détail, chaque incident de ce développement précoce nous eût fourni quelque révélation précieuse. Car ce qui est réellement admirable dans le Dieu, c'est l'homme; et ce que l'homme recherche trop, c'est le Dieu.

LI

Le trait saillant de l'enseignement de Jésus, celui qui en assura le succès fut son universalité. Il eut la vision la plus nette de cette force intérieure que chacun porte en soi, il découvrit la formule d'amour et de pardon à la portée de tous et la fit monter du cœur aux lèvres. Il fut ce merveilleux instrument de progrès qui plaça le centre du monde en chaque être et l'initiateur d'un individualisme éternel. Il eut le sens infini de la beauté. Car qui dit universalité, dit aussi beauté. On ne peut frapper à la porte du cœur et y trouver constant accès, sans soulever du même coup la draperie imaginative, brodée de perles et tissée d'or, qui recouvre l'entrée de la chambre intime. Rien n'est universel, qui n'ait mérité de l'être par quelque manifestation du Beau. Et jamais aucune esthétique ne s'est mieux harmonisée avec l'utilité, avec la nécessité d'un changement radical de conduite. Certes, toute beauté est utile, en développant les facultés admiratives des hommes ; mais ces facultés se trouvant irrégulièrement distribuées parmi eux, il fallait en tirer parti chez ceux des humains qui en étaient le moins pourvus. La Morale et l'Art se touchent ici de près ; la morale est en quelque sorte l'art à la portée de tous et l'art — une morale à étendue restreinte. En faisant ce puissant appel au sentiment latent et général du Vrai la voix de Jésus exalta à la fois, — quoique forcément à des degrés différents, — la fiction divine du Beau. Chacun vit non seulement s'affirmer sa conscience et sa force, mais aussi se dessiner les lumineux contours d'une espérance. Chacun, selon ses moyens, aperçut Dieu dans ses œuvres prodigues, chacun pleura, chacun admira. L'enthousiasme sans précédent que provoquèrent ces paroles galiléennes, et le délire des prochains siècles, ne marquent-ils pas, avec l'avènement d'une dignité nouvelle, les débuts d'une admiration ? Et cette admiration ne s'est-elle traduite en lignes harmonieuses et subtiles ? A la sécurité d'une attente, à la consolidation d'un pouvoir intime, Jésus ajouta ce troisième et beau fleuron : l'intense joie admirative. Mais si l'attente fut trompée, à qui la faute ? Certes pas au Grand Convaincu qui mourut pour l'Idée. Si le pouvoir intime fut longtemps méconnu et piétiné, à qui la faute ? Certes pas à Celui qui en avait fait l'angle de son édifice, mais bien aux passions humaines qui rongent la pierre comme les vagues houleuses de l'océan et assombrissent le ciel comme le vol des noires nuées d'automne. Et pourtant, de nos jours, elle renaît cette énergie latente, sur les débris des fondements érigés par Jésus. Si, enfin, l'intense joie d'admirer n'est pas encore — le sera-t-elle jamais? — l'apanage de tous, à qui la faute ? sans doute pas à Celui, dont le plus grand effort d'amour tendit à sa généralisation, mais à l'inégalité réceptive des hommes et, trop souvent, à l'indolence de la Pensée.

LII

Au sens strictement moral, il y eut des chrétiens avant Jésus, — comme aussi d'ailleurs des stoïques après lui. Aussi bien le plaisir admiratif, au sens esthétique, s'était-il manifesté longtemps avant sa venue. Les contemplations placides de l'hindou avaient permis de concevoir le calme enchanteur de ses monuments; l'égyptien, noyé dans la paix profonde de son espérance, avait érigé des temples lourds à Ammon-Râ, au Soleil levant, symbole quotidien de la résurrection certaine ; il avait creusé des tombeaux grandioses, où, sous les voûtes fastueuses, vivent les osiriens d'une vie éternelle. Les Grecs, artistes incomparables, avaient surpris l'harmonie naturelle des proportions et des lignes ; ils avaient déifié les formes sveltes de l'éphèbe, la cambrure virile du torse ou la chute onduleuse des reins. Les marbres de Paros ont redit leurs rêves d'idéale sensualité. Mais l'esclave n'apposait point de nom au bas de son œuvre ; il demeurait anonyme vis-à-vis de ses compatriotes, de la postérité et de l'Art. Aux frises glorieuses des temples, aux colonnades sacrées, aux blocs de porphyre ou de basalte vivifiés par lui, il ne transmettait qu'une âme obscure et assujettie. Nul rayon d'un soleil éclatant n'avait pénétré l'insensible froideur des édifices ; nulle corde instrumentale n'avait modulé les hymnes sommeillants du cœur. A l'entrée des vergers et sous les oliviers gris de l'Hellade errait, les lèvres closes et un doigt sur la bouche, le génie furtif du Silence.

LIII

Nietzche voit dans l'esclavage une nécessité d'art et la condition même d'une floraison artistique intense. L'art est d'essence aristocratique et exclusive ; inabordable à tous, ses sommets ne peuvent être fréquentés que par les Élus. Quelques-uns seuls, en détiennent le secret et leur pensée, seule, en concentre les rayons épars. Erreur, pensons-nous. L'art est trop intimement lié à la Morale pour devenir un privilège de clan ou la vertu d'une caste. L'artiste est autant celui qui admire que celui qui crée ; ils sont proches collaborateurs, car celui-ci ne saurait exister sans celui-là. L'œuvre d'art ou de morale n'est en réalité, que l'expression émise par quelques-uns du sentiment de tous, et par la suite, différemment interprétée selon l'infinie diversité des tempéraments. Mais la pureté d'un motif et l'élégance d'un geste sont sœurs en beauté, comme aussi l'harmonie d'une ligne et les nuances transitoires d'une couleur. Accessibles à tous, elles expriment ce que les regards ont déjà vu, ce que les oreilles ont déjà entendu, ce que l'esprit a deviné, ce que le cœur a pressenti. De nos jours chacun peut et doit signer son nom, quelqu'obscur qu'il soit, au bas de l'œuvre ébauchée. Et comme dit très justement Wells, dans tout souverain il y a un peu du serviteur, dans tout serviteur, un peu du souverain.

LIV

Par ailleurs, c'est la tentative qui constitue, en grande partie, la valeur réelle d'une œuvre, car elle dépend entièrement de nous. La réussite est aléatoire et demande des sanctions du dehors. Nulle glorification n'est un signe valable de réussite, comme aussi nulle existence demeurée obscure, n'indique l'avortement de quelque généreux effort. L'humanité a cherché des noms, sans jamais s'être rendu compte des innombrables efforts anonymes de ses enfants. Elle a décerné sans distinguer, à tel innovateur telle couronne de lauriers et conféré la croix d'honneur à celui qu'elle traduisait elle-même, le lendemain, devant son tribunal despotique. Que de fois, au cours des siècles, l'homme n'a-t-il brisé ses idoles et délaissé à jamais les vastes nefs de ses temples ! Quel esprit téméraire oserait donc se targuer de réussite ? En dehors des conquêtes positives — et relativement précaires — du savant, on ne saurait enregistrer aucun triomphe définitif et réel, mais on est en droit d'inscrire au tableau d'or une série discontinue d'efforts admirables. On a souvent invoqué l'étonnante et féconde propagation de certaines doctrines comme preuve de leur caractère révélé et divin ; on a estimé que leur succès se pouvait mesurer à la superficie des continents qui les adoptèrent, au chiffre de leurs initiés, à la durée multiséculaire de leur consigne. En réalité, le succès n'est qu'un aboutissement partiel de quelque grand effort, dont les conséquences ont dépassé les humaines prévisions, et ce n'est qu'à l'aide d'efforts analogues, individuels et spontanés qu'un semblant de succès peut subsister. Point n'est besoin de supercheries, ou d'encouragements miraculeux et fictifs attachés à l'origine des croyances, pour en rehausser l'éclat et pour mieux les faire accepter. Le mystère a fait son œuvre et prêté son impulsion. Le temps qui dénature toute chose, remet aussi toute chose au point. Les mystères d'un passé lointain, longtemps accrédités par la crédulité des foules, et transmis avec une surenchère inconsciente, s'éclaircissent à la lumière de la vérité présente. Toute croyance a eu sa mission de morale à remplir, sans égard aux moyens adoptés ; toute croyance a sa tâche de beauté, et sa propagation chez les peuples a suffisamment rendu témoignage de sa nécessité. Les personnages, eux, s'estompent dans la nuit des âges révolus ; leurs sentiments, leurs passions, leurs doutes mêmes, pourtant semblables aux nôtres, nous parviennent volontairement défigurés, toujours incompris. Reste l'effort produit par leur pensée et par leur âme, l'effort auguste et viril, qu'il nous est donné de renouveler sans cesse et par lequel l'œuvre, sous peine de mourir, doit sans cesse être remaniée. Il appartient à chacun d'aller plus de l'avant et les moyens en sont à notre constante disposition. L'Art, également, entr'ouvre à tous les plis fastueux de sa robe de pourpre et pour peu qu'on veuille voir, on verra. A celui qui frappe, il sera ouvert.

LV

Toute conviction profonde est un gage sûr de beauté. Il a été donné à l'auteur de ces lignes de rencontrer, au cours d'excursions fortuites, certaines âmes dont la ferme croyance en l'avenir — loin de nuire à leur foi au présent — s'était mise au service de l'effort journalier. A ces âmes d'exception la pensée ne communiquait que de belles certitudes en limitant de plein gré, le trop vaste champ de ses recherches. Un souffle puissant entretenait, chez elles, cette activité continue qui est la condition même de toute salubrité spirituelle. La limitation volontaire que la Pensée s'impose devant l'inconnu qui nous obsède, semble parfois élargir ses horizons. Elle interprète dès lors chaque événement comme un message, chaque transport comme une faveur, chaque peine comme un avertissement et elle en tire de précieuses et consolantes leçons. Cet « état de grâce » n'est qu'une abdication apparente de la Pensée, car il aboutit, par un chemin peut-être plus ardu, à l'incessante vérification du « moi »; il nous offre aussi, par des moyens peut-être plus pénibles, « des possibilités de Vie supérieure, dans l'humble et inévitable Réalité quotidienne ». La morale, certes, ne peut qu'y gagner; les exemples en font foi. Mais combien peu savent atterrir à ce havre tranquille; combien peu, pour y parvenir, savent affronter les périls du large et bénir, d'un geste merveilleux, la robuste Voix qui domine la tourmente! « Il dit et les vents cessèrent » sont de mémorables paroles qu'on ne répète pas assez souvent. Car en vérité les vents ne se déchaînent qu'à nos propres injonctions et les tempêtes ne sauraient sévir, que si la houle est soulevée en nous.

LVI

Le mal dont tant de gens se plaignent n'est point le mal qu'ils croient avoir à subir ou qu'ils s'imaginent avoir accompli ; car qui peut définir le mal ? Ce qui semble être le véritable mal et le réel détriment, c'est l'indifférence qui s'introduit imperceptiblement dans le domaine de l'âme par suite de l'entrée graduelle de la Pensée dans l'étroit chenal de la coutume ; et les paysages changeants qui s'étalent des deux côtés ne parviennent plus à ses regards que sous l'aspect de frondaisons éternellement répétées et pareilles. L'impulsion itérative de la Pensée est un acte de soumission inconsciente à la grande Nature, dont elle aperçoit les renouvellements méthodiques et réguliers. La nature a ses coutumes intangibles que l'homme ne peut modifier, mais qu'il peut certainement ne point imiter. Or, l'indifférence est fille de l'uniformité et si la Nature nous donne maintes preuves de sa complète insensibilité, quel est celui qui suivra son exemple? « L'homme » a-t-on dit justement « dispose de plus de serviteurs qu'il ne s'en rend compte. » Que ne le met-on à l'épreuve pour parer à l'enlizement de l'Esprit? Les religions constituées souffrent de nos jours peut-être moins du faït de leur dogmatisme contestable, que de cette fatale et routinière atrophie dont leur discipline a frappé la Pensée. A tout prendre les mystiques prémices qui ont déguisé l'origine naïve des croyances, déterminèrent, en d'autres temps, leur succès et rendirent de ce fait, d'éminents services à l'humanité. Mais depuis lors, après la chute des premiers enthousiasmes, l'idée pure s'est vue coulée dans les moules étroits du culte et de la vaine pratique. Vivifier la pensée est le devoir de chacun; et si les morts ressuscitent, ce ne sera qu'au souffle de la Pensée intense.

LVII

Le mal est devenu plus personnel à mesure que l'individu se réhabilite. La nature humaine s'affine et perçoit des nuances nouvelles, des tons plus tendres dans la gamme adoucie des sentiments. Le fer qui jadis se forgeait chez le forgeron passe volontiers aux mains de l'orfèvre et la délicatesse de sa ciselure s'en accroît en proportion. Le mal n'est plus dans l'infraction à quelque loi sociale ou à quelque règlement local.

Tout individu, de nos jours, se particularise aussi par ses appréciations du « mal » dont l'essence varie à l'infini. Plus on pénètre dans les régions voilées de « l'intentionnel », plus on y découvre de lueurs subtiles qu'un monde nouveau révèle à notre jugement. Nous acquittons aujourd'hui ce qu'eussent condamné nos pères, mais, plus encore, nous désavouons ce qu'ils eussent approuvé. En ce laboratoire discret de la Pensée où se traitent à huis clos de précieuses et incorruptibles matières, des appareils de haute perfection en font l'analyse suprême ; les récepteurs enregistrent de nouveaux et inconnus rayons, à peine perceptibles, qui parcourent en vagues ondulantes, l'univers de notre âme et sont les mobiles originels de nos actions. Là, dans l'officine isolée de la conscience, s'élabore la véritable pierre philosophale qui transforme tout fruste métal en lingots nobles et ardents dont la monnaie un jour aura cours sur tous les coins du globe et ne fera point défaut sous les plus humbles toits.

LVIII

Lorsque saint Georges eut occis le Dragon, il s'adossa, triomphant, à un roc du sommet duquel on apercevait les contrées de la terre, libérées par lui du joug de la Bête. Son armure d'argent étincelait de mille flammes héroïques sous les rayons du soleil levant, cependant que gisait à ses pieds, l'épieu brisé dans son flanc, la masse informe et pantelante, et les écailles smaragdines du Monstre suintaient un sang écumeux et noir. Là-bas, dans la plaine et sur les lointains versants des coteaux bleutés, des populations en liesse célébraient leur délivrance et la gloire du jeune héros; oriflammes et fanions claquaient partout au vent, des jeunes filles tressaient, aux champs, des couronnes de fleurs au Vainqueur; gaiement les carillons sonnaient... Puis, peu à peu, s'éteignirent les derniers échos des chants d'allégresse, les bourdons se turent. A la place du Monstre qui dévorait les enfants, mille venimeux reptiles s'étaient propagés et le bétail, épouvanté, s'enfuyait en mugissant par les plaines. Les hommes n'osaient plus sortir de leurs demeures et les terres abandonnées se couvrirent d'herbes mauvaises. On murmura contre le sort, on maudit le Héros ; et lorsqu'un soir le soleil descendit à l'horizon, un nuage enveloppa soudain le faîte de la montagne ou se tenait, pensif et abattu, le Combattant, et l'emporta, dans un dernier embrasement, vers des pays inconnus. Telle est la destinée. L'effort est grand par lui-même, petit par ses résultats. Déraciner un mal, c'est en créer un autre. Qu'on ne s'avise pas d'en déduire l'inévitable stérilité de tout labeur, bien au contraire, qu'on se persuade de la fertilité du vaste champ d'action. Saint Georges a-t-il eu raison de tuer le Monstre? Oui, certes, mais bien plus dans son propre intérêt, que dans l'intérêt d'autrui ; car chacun a son dragon familier qu'il est seul à pouvoir occire.

LIX

On redit souvent que la vie est une lutte, sans trop se rendre compte du sens de ce lieu commun. Lutte physique, lutte matérielle, lutte morale, lutte artistique — tout est lutte et le triomphe apparent du bien n'est que l'affirmation ou la cause d'un mal nouveau. Il ne peut en être autrement. La victoire définitive du bien impliquerait la mort de la terre et l'abdication de la Pensée, dont l'activité est liée à l'alternative, subordonnée au choix de deux contraires, retrempée au feu des collisions. Ainsi que tout choc matériel fait jaillir des étincelles, de tout conflit moral naît une lumière nouvelle, s'embrase un puissant flambeau qui nous éclaire dans la nuit. S'il n'y avait point le mal, il faudrait l'inventer. Or, si le mal se dégrossit et s'individualise, si son domaine visible semble se restreindre, ne nous disons pas qu'il diminue et ne fermons point les yeux sur ses métamorphoses, qui sont aussi infinies que la durée même de l'humanité.

C'est un spectacle unique que celui de cet incessant combat de colosses « à large poitrine » contre l'ennemi fuyant et adroit, multiforme et multichangeant, qui tantôt se dégage et tantôt s'évanouit. Toutes les grandes épopées terrestres et toutes les religions n'ont été inspirées que par l'obsession d'un mal qu'il est nécessaire et profitable de terrasser. Profitable, certes, mais à condition que le mal renaisse éternellement et toujours. Il y a quelque chose d'infiniment douloureux à se représenter la surface uniforme des temps que nous offre le spectacle d'effets sans causes apparentes et de renouvellements sans fin. On dirait une immense roue qui tournerait sans raison, en broyant, également sans raison, tout ce qui serait pris dans son armature d'acier ; ou bien encore quelque gigantesque clepsydre dans laquelle s'engouffrerait un impétueux torrent qui jamais ne s'y arrêterait. Mais à celui qui ne veut rester témoin docile de ces flux et reflux infinis, à celui qui veut sonder l'abîme et les causes secrètes, à celui enfin qui concentre les rayons d'une pensée vivante sur la trame universelle des choses, il y a intense volupté en ce monde.

LX

Tout se déroule en vue de l'action et la continuité même de la résistance opposée est un gage de progrès et de bonheur. Si le bien succède au mal, celui-ci, à son tour, est le produit direct de celui-là. Personne ne fait, ni n'acquiert le bien impunément. Aucune force humaine ou divine ne saurait accroître ou réduire, fût-ce d'un atome, la quantité globale des deux puissances contraires dont la proportion demeure immuable et dont l'équilibre constitue la plus sûre garantie de durée et de prospérité. Le caractère seul du bien se modifie, comme aussi celui du mal. La belle légende hébraïque qui nous constitue héritiers du Péché du fait d'une désobéissance première, nous reconnaît, du même coup, une volonté individuelle qui au cours des siècles n'a fait que s'affermir. Toute l'histoire de l'humanité n'est qu'un conflit entre la volonté et l'obédience passive. Les grands promoteurs d'idées, Confucius, Bouddha, Jésus ou Luther, ne furent que les révoltés nécessaires de leur temps et les expressions vivantes de cet antagonisme dont nous bénéficions.

Aussi bien, qu'on s'imagine une soumission parfaite à quelque principe intangible, l'acceptation complète d'un état de choses imposé par une force supérieure, la prédominance absolue du Bien. Qu'en eût-il résulté? La méconnaissance même du bien, l'atrophie de la pensée, l'inutilité de la science qui améliore les conditions des hommes, l'abolition des plus chères aspirations et des douces illusions futures. On nous objectera que, puisque tout est pour le mieux dans le Monde parfait, nul nécessité d'amélioration ne se présenterait, que la Pensée, la Science, la Joie des illusions, ne constituent qu'autant de pis-aller, motivés par l'imperfection humaine. *Or nous ne pouvons nous imaginer un état d'âme sans déchet et, par conséquent, il n'existe pas.* Si le premier Homme s'était docilement soumis aux injonctions du Très-Haut, l'humanité serait demeurée dans des conditions de « bonheur » primitif et de basse quiétude, dont les satisfactions lui ont été tant heureusement prohibées. Rendons grâce à ces glorieux insoumis et à ceux qui ont perpétré le mal, car c'est à eux que nous devons les bienfaits dont nous jouissons ; c'est à eux que nous sommes obligés de la venue de penseurs illustres, dont les formules ont soulevé le Monde ; c'est à eux, enfin, que revient le mérite d'avoir créé la Science et l'Art qui prennent leur source, comme toute impulsion, dans les aspirations au « meilleur ». La puissance de l'Illusion, produit direct du mal, se trouve justifiée autant par les efforts inspirés par elle, que par les consolations qu'elle a engendrées. On ne peut que s'étonner de son action miraculeuse sur l'individu et sur la foule.

Et lorsqu'elle se dissipe au souffle dissolvant des années ou des siècles, c'est pour céder la place à quelqu'autre rêve en formation. Son illusion disparue, l'individu meurt en léguant les germes d'une autre au suivant. Combien de vies humaines aussi se sont-elles sacrifiées à l'illusion parvenue au niveau d'une vérité ! Et que de pareilles pseudo-vérités remplacées par d'autres ! De même pour la vie des foules : « Passer de la barbarie à la civilisation, dit Gustave Le Bon, en poursuivant un rêve, puis décliner et mourir dès que ce rêve a perdu sa force, tel est le cycle de la vie d'un peuple. »

LXI

Ainsi, l'Illusion semble être la condition même de la vie d'une nation ou de l'individu. La Vérité n'est, à tout prendre, qu'une illusion arrivée à son apogée ; elle est la loi dominante du moment et son empire est aussi éphémère que celui des civilisations disparues. Vieillie, elle est déchiquetée comme Jésabel par ses chiens. Mais sa jeunesse — ainsi que la jeunesse de toutes choses — possède d'incomparables charmes et de splendides vigueurs. Le berceau d'une illusion naissante est orné de fleurs des champs et de branches d'oliviers que lui consacre la joyeuse naïveté des enfants ; c'est de la solutide des forêts, du désert ou des monts qu'émane la voix auguste de l'avenir ; c'est au fond d'une étable que s'égrènent les notes printanières et résonnent les tendres vagissements de l'Idée future. La simplicité est sa plus délicate parure et sa coquetterie sublime, et les grands de ce monde ne s'agenouillent devant elle que pour mieux établir un saisissant contraste. Qu'est-ce que les joyaux les plus précieux de l'Inde et leur ruissellement multicolore, les perles de Khadôr, les myrrhes et les parfums d'Arabie, devant le murmure initial de l'Idée? Que sont les splendeurs de brocart ou d'hermine, les couronnes constellées ou les tiares éblouissantes, auprès des débuts de l'Illusion, d'une vérité qui commence à vivre? Comme tout ce qui est jeune, elle ne croit pas à la Mort; comme tout ce qui est beau, elle prend conscience de sa force. Dans le miroir de l'humanité, elle se complaît à voir ses formes sveltes qui se précisent et qui lui semblent éternelles. L'infini paraît trop court à celle qui règne en maîtresse unique à l'issue des temps innombrables. Puis vient l'époque amère des désenchantements. Sur la psyché magique s'altèrent insensiblement les harmonies premières et les traits délicats qui furent la vie et toute la joie des hommes. Les fards ne servent plus à cacher les rides, ni les riches atours à dissimuler l'usure flétrissante des siècles. La nature qui ne connaît point de retours, n'admet aucune intervention dans ses renouvellements. Sa justice est dans sa durée; car à chaque vérité son tour. Si la tombe succède au berceau, le berceau succède à la tombe ; toute mort contient un germe de vie et un avènement. Non loin du sépulcre abandonné où gît désormais une gloire défunte, se lève l'aube d'une apogée nouvelle ; par delà les cyprès, gardiens de l'Ombre, pointent déjà les fleurs, messagères de l'Aurore. Et la rumeur grandissante des peuples ne cessera jamais de clamer, sur les marches du palais de leurs rêves : « l'Illusion est morte, vive l'Illusion. »

LXII

Aucun état mental n'est, en somme, injustifiable ; celui de l'humanité moins encore que tout autre. Sans vouloir en faire une analyse, bornons-nous à dire qu'il découle partout et toujours de la même source : du sentiment de petitesse et d'ignorance devant l'énigme primordiale. Néanmoins, les portes closes de l'Inconnu, contre lesquelles viennent se heurter les efforts millénaires de la Pensée, paraissent s'entr'ouvrir parfois aux appels successifs de l'Illusion. C'est la seule et meilleure justification de son empire éphémère. « Apprécier de plus en plus complètement l'étendue de ce qu'il ignore, dit Maeterlinck, — et plus encore, ajouterions-nous, l'étendue de ce qu'il est capable de connaître, — tel est tout ce que le savoir de l'homme peut espérer. » S'il existe, en morale, une volonté à se faire plus petit que le plus petit et le plus humble, n'y en aurait-il pas une autre, à se dire aussi que l'homme n'est rien devant ce qu'il ignore? L'exiguïté a ses prétentions que n'égalent peut-être pas celles de l'immensité, et ses titres ne sauraient être méconnus. Se sentir bercé, — fragile atome, — sur l'Océan des mondes n'est-il plus doux peut-être que de commander aux tourmentes? En face de l'Absolu, ne pas pouvoir, étant petit, n'est-ce aussi beau que de pouvoir, étant grand? Nous apprécions, en tout état de cause, ce qui ne peut nous apprécier, et c'est là une supériorité de bonheur. Aussi bien, nous reste-t-il un champ plus visible et plus proche sur le seuil même de notre demeure : j'entends le sanctuaire des choses qu'il nous est donné de visiter et dont la connaissance progressive est une œuvre de joie. Ainsi tout ce que nous contenons et ce qui nous contient semble s'associer pour concourir à notre enrichissement. Mais ne croyez pas à ceux qui viendraient vous dire que votre mission est ici ou là, que ceci est beau, que cela est laid, que votre action est salutaire ou néfaste. A chacun sa propre mesure; et la seule tâche valable et réelle est celle qu'on se propose à soi-même.

LXIII

La volonté au service d'une Pensée libre est l'apogée d'une vie; souffle divin qui effleure de son aile le front pensif et interrogateur, elle en est le charme. Elle est avare de ses dons à celui qui demeure enchaîné aux nécessités médiocres. Fouiller le sous-sol inexploité afin d'y découvrir des richesses sans nombre, — nous l'avons dit, — tel est le partage de chacun. Mais par delà ces trésors à notre portée immédiate, il est d'autres couches profondes qui s'étendent à l'infini, jusqu'à l'essence même de l'Illusion. C'est une prise de contact directe de l'homme, non pas seulement avec sa propre âme, mais bien avec l'âme de l'Univers. Elle lui procure le sentiment ineffable, à la fois, de son extrême faiblesse et de sa force. Car il appartient à la volonté seule d'atteindre ce que la Pensée peut goûter : l'image exacte de notre fragilité ou de notre puissance devant les espaces innombrables et les problèmes insolubles.

L'humanité restera toujours jeune de par ses aspirations incessantes ; elle ne vieillirait que le jour où son illusion deviendrait réalité. Et c'est ce qu'il ne faut point souhaiter. Elle ne doit pas entr'ouvrir la cassette précieuse qui a été confiée à sa garde et dans laquelle sa curiosité veut trouver des gemmes sans prix ; l'oiseau s'envolerait ou la souris s'échapperait à tout jamais. Toute surprise n'est douce que si l'on s'attend à moins. Écoutez le charme exquis des questions enfantines et la joie des premières découvertes ; voyez la noble illusion de l'adolescence ; pleurez la satiété de la vieillesse. Celle-ci ne se retourne-t-elle sans cesse vers les détours de la route parcourue ? L'humanité satisfaite, ce ne serait plus devant elle que se porteraient ses regards affaiblis, ce serait en arrière, vers les temps de l'Illusion vivante. Elle ne pourrait plus prononcer les paroles merveilleuses que prononça Tristan dans sa sublime folie : « Vous me chassez, beaux seigneurs ; à quoi bon ? Je n'ai plus que faire céans, puisque ma dame m'envoie au loin préparer la maison claire que je lui ai promise, la maison de cristal, fleurie de roses, lumineuse au matin quand reluit le soleil ! »

LXIV

La Maison de cristal, où est-elle ? Nul ne le sait, et nul, par bonheur, ne le saura jamais. Car l'heure où l'on verrait dresser son dôme enchanté sur la colline, serait aussi l'heure de sa destruction. Elle n'est qu'à condition de ne pas être, et ce qui nous réjouit ou souvent nous console n'est pas ce qui est, mais ce qui n'est pas.

L'aspiration, ce côté ensoleillé de la

vie, ne doit jamais voir s'étendre sur elle l'ombre des réalisations éphémères. Dans les manifestations les plus courantes, c'est à peine si l'homme a jamais pu se dire, malgré certaines apparences contraires, qu'il ait atteint le but proposé. Il subsiste toujours un je ne sais quoi d'inachevé qui provoque une activité nouvelle. Heureux ceux qui discernent que leur tâche n'est point accomplie ! Heureux ceux dont la pensée reprend à chaque étape illusoire, un plus vaste essor ! Heureux les inassouvis de l'esprit ! La bonne moitié de nos douleurs est due à l'hypothèse d'une satisfaction réelle possible et à l'importance factice que nous attribuons aux résultats de nos pensées ou de nos actions. En réalité, il n'existe que recommencements, rechutes constantes et reprises éternelles. Le bienheureux sort de l'humanité est tout entier dans l'inextinguible soif qui la consume. Soif religieuse, soif scientifique, soif morale ou artistique, nul ne doit jamais se désaltérer à la coupe, toujours pleine, de ses ambitions et de ses désirs. Qu'il s'agisse de la religion — au sens étroit du mot — qui cherche le repos, ou de la religion — à sens plus large — qui jouit de son activité sur terre, nul ne doit se sentir satisfait de soi. Car tout contentement et tout accomplissement sont une mort dans la vie. Au physique même, l'acte de procréation — le plus important de l'être — n'est-il pas un acte de mort partielle ; chez certains animaux, n'entraîne-t-il pas l'expiation capitale ? La nature punit sévèrement l'action qu'elle ordonne d'accomplir. Elle semble punir au moral, celui qui croit avoir réussi ; elle le condamne à la mort de l'esprit ; et la justice n'y est pour rien. Car ne visant que la continuité de l'espèce et se désintéressant complètement des problèmes spirituels, la Nature n'accorde ses faveurs qu'à concurrence du misérable but atteint. Hostile à tout développement de la Pensée qui tente de la subjuguer, elle s'évertue à l'assoupir dans le rythme trompeur du contentement. Elle s'oppose à tout effort qui procure des énergies nouvelles ; elle suggère à toute initiative les sentiments d'une fin acquise et d'un doux repos mérité. Il appartient à l'homme de ne s'y point prêter. L'ignorance finale est un trompe-l'œil qui paraîtrait affirmer la défaite dans cet inégal et incessant conflit ; mais l'Ennemie s'en prévaut outre mesure dans ses comminatoires prohibitions. « So far and no further » est l'injonction du fort ; que le faible réponde « Per aspera ad astra ». C'est au sein de cette lutte qu'il puisera la force et la résistance féconde. Car tel est l'ordre des choses que le bonheur de l'humanité est exclusivement subordonné à l'existence d'éléments qui semblent, à première vue, créés pour son malheur ou sa damnation.

LXV

Chaque effort se répercute aux confins de l'univers, comme la vibration décroissante d'un son de cloche, et y parvient en notes frêles et meurtries. A l'aide d'une réceptivité délicate, nous enregistrons l'effort lointain d'autrui ; car les pensées sont solidaires et unies. Elles se croisent, tels des feux follets épars, s'enchevêtrent, sympathisent dans l'espace et s'animent à leur contact réciproque. La communication constante de ces atomes spirituels engendre ce fluide merveilleux qui fait respirer l'esprit, comme l'oxygène nourrit les poumons. L'obstacle susceptible d'arrêter l'essor vertigineux de ces ébats aériens, n'est pas dans l'effroi des limites, mais bien dans l'extinction du foyer initial. Les nécessités de l'activité manuelle et des labeurs physiques qui ont tant absorbé nos ancêtres et qui absorbent encore l'immense majorité des hommes ont développé chez eux, par voie d'adaptation, les sens extérieurs au détriment des sens imaginatifs. Il est probable que la femme doit sa supériorité de prescience et de sentiment à l'activité matérielle moindre qu'elle a dû déployer dans le passé. Les morts parlent sur terre plus haut que les vivants ; c'est ici-bas qu'ils jouissent de cette immortalité réelle et tangible que la foi voulait leur assurer là-haut. Et si la mémoire des hommes est défectueuse et courte, c'est dans chacune de leurs actions, dans l'effort quotidien même, dans le déséquilibre du travail des sens que revivent les Défunts.

LXVI

La foi constitue le plus grand essai de rétablir cet équilibre des sens, qu'ont détruit les effets de l'hérédité. Elle a trouvé un but, sans égard aux moyens. Elle ne s'est pas adressée à la Pensée qui explore, ni à la Raison qui prouve, mais à l'instinct qui convoite, qui espère et recherche un futur changement spirituel, voire même physique, aux maux imaginaires endurés. Les promesses d'un Mahomet ont soutenu le faible et bouleversé le Monde. On est en droit de se demander ce que l'homme peut entendre de la mélodie des cieux, lui dont l'oreille est habituée aux silences. Et pourtant des sons inusités lui parviennent de par delà les horizons, comme au voyageur défaillant qui perçoit, dit-on, dans la solitude des déserts d'Asie, les symphonies aériennes d'un archet inconnu. « Mirages ! » s'écrient les uns, « Réalité » répondent les autres. Eh, qu'importe, dirons-nous, s'il en résulte un effort de la Pensée, une impulsion imaginative, un coup d'aile du génie ? Il se présente, à nos sens émoussés, atrophiés par l'inaction séculaire, trop de côtés vrais de la vérité pour que nous puissions nous arrêter sur aucun d'eux. Si dans les choses les plus simples nous ne parvenons guère à discerner l'orthodoxie d'un fait ou d'une assertion, à plus forte raison en sommes-nous incapables à l'égard des choses complexes. Un Paul ou un Augustin était-il davantage dans le vrai qu'un Spinoza ou un Renan ? Question scolastique et stérile qui ne nous fera pas avancer d'un pas dans l'âpre poursuite de notre bien ou de la beauté objective. La vérité est un prisme miroitant à mille facettes sublimes, dont chacune fait jaillir le rayon que notre pensée reflète avec d'autant plus de lueur que celle-ci est plus intense. Le cristal ne s'illumine que sous l'action de l'Esprit et au contact de l'Idée. Il n'est rien en lui-même. Bulle irisée de savon, songe creux, fantôme opalin fuyant dans l'espace, qui s'évanouit au plus léger attouchement, telle est la vérité que l'homme dès sa naissance ne s'est lassé de vouloir étreindre. Vainement il cherche dans la foi ce qu'il exige aujourd'hui de la Raison. Cette splendide nudité qu'il a voulu créer de toutes pièces, comme Pygmalion son rêve d'idéale beauté, ne résiste guère à l'action dissolvante des temps ou au marteau destructeur des siècles. Elle a autant de masques et de chlamydes que de fidèles, qui l'en revêtent afin de la dérober à leurs propres regards indiscrets. Le modèle est décevant comme l'onde qui joue, insinuant comme la brise embaumée qui frissonne. Et au cours de ses longues veillées, l'humanité a bien des fois pu dire avec le poète :

..... souvent l'aube au teint blême
M'a surpris dénouant un masque de velours.

Une fois le masque tombé, la vision s'évanouit comme ces momies d'Égypte, aux yeux d'amande, aux paupières ombrées, qui tombent, en poussière qu'éparpille le vent, au premier contact de l'air et du jour.

LXVII

C'est donc que la vérité n'est point en dehors de nous ; il faut la chercher dans la pénombre et les dédales du Soi. La Foi a sa raison, comme la Raison a sa foi. L'homme, partisan par excellence, s'est trop égaré sur la voie des alternatives ; il n'a jamais su voir assez large pour embrasser d'un même regard les horizons de la terre et du ciel. La grande faute commise est d'avoir pris parti pour l'une ou pour l'autre ; ayant méconnu les bonheurs terrestres et probablement surestimé les joies célestes, il est naturel, que l'homme ait cherché à corriger ses vues arbitraires ou erronées. Une vérité-illusion nouvelle s'est fait jour et cherche à réconcilier l'humanité avec sa patrie réelle. L'individu s'efface au profit de la société et se fond en elle en de fraîches et vaines espérances ;

il abdique une royauté déçue qui n'aurait été pratiquée par lui qu'afin qu'il se rende mieux compte de sa parfaite inanité. Celui qui tentera de s'élever, sera abaissé. Chacun doit posséder un peu de ce qu'auparavant quelques-uns possédaient beaucoup, alors que tous sans contredit peuvent allumer leur lampe à la flamme qui ne s'éteint jamais. On est trop porté à voir dans toute vérité-illusion qui naît un élément ascendant de progrès et l'on ne remarque pas assez que l'humanité se meut dans un cercle éternel ; les initiés et les meneurs, puis les foules, s'enthousiasment au contact de découvertes, sans cesse les mêmes. Devant nous, derrière nous, la route poudreuse et blanche s'étend à perte de vue ; ses courbes sont imperceptibles et douces ; et nul ne s'aperçoit que les stations atteintes le soir sont celles-là mêmes qu'on a visitées à l'aube. Pour lors, acceptons ces vérités avec un grain de scepticisme et cherchons en nous-mêmes le profit que nous en pouvons tirer. Car le doute n'est autre chose que le chenal qui relie la réalité à la Pensée dominante, purifiée et ennoblie par la loyauté de conviction. Un pareil doute est la santé de l'esprit, et, n'en déplaise au monde, l'exercice le plus hygiénique de l'âme. Il n'excluera jamais l'illusion, source de beauté, ni l'effort sincère et productif, garantie de bonheur.

LXVIII

Nous pensons que si l'humanité progresse sur la voie d'un cercle nécessairement infini, il y a amplement place, sur tout point donné de ce cercle, au fructueux labeur. Ce qui est a très probablement été en des âges reculés et inconnus. La Nature, cette grande et insensible incarnatrice, revient, chaque année, avec ses mêmes immuables saisons ; l'homme, éternel chercheur, s'empare de vérités qui l'ont déjà guidé à d'autres époques. La nouveauté n'est qu'une répétition de vieilles choses oubliées. Relisez un livre tous les vingt ans ; il exhalera chaque fois un parfum nouveau. Tous les dix mille ans, peut-être, l'humanité relit son volume préféré. Mais que cette constatation ne soit point un sujet de désespérance ; car pour l'unité, pour l'individu qui seul intéresse et séduit, il existe nouveauté réelle. La jouissance de se lire lui-même, de s'approfondir sur lui-même, d'y puiser les énergies latentes de sa pensée propre, d'admirer au dehors les paysages qui passent, cette jouissance n'a jamais eu de précédent *pour lui* et n'a jamais été *par lui* ressentie. Le « Soi », sous sa forme actuelle du moins, se désagrège sans retour ; il a un temps pour penser, aimer, rêver, pour cultiver sa dignité, fleur noble, ou entretenir la flamme sacrée de l'esprit, avant que de se dissoudre dans l'universel creuset de la Nature. Ce qu'il en reste, qu'importe ? La vérité est dans l'effort même de la vie, dans l'action vibrante individuelle, dont la répercussion sociale est le résultat, bien qu'au point de vue philosophique, parfaitement indifférent.

Les résultats, en effet, sont toujours soumis à des lois insondables et complexes que, dans notre ignorance, nous nommons Providence ou Hasard. Qui peut jamais prévoir les effets de sa modeste action? Qui en connaît la valeur intrinsèque? L'action ne vaut que par elle-même, non point par le but incertain et aléatoire qu'elle s'est proposé. On n'est pas maître de la pensée d'autrui, mais on est l'heureux esclave de la sienne. On ne doit apprendre qu'à sa propre école et n'enseigner aux autres que l'abstention de tout enseignement indéfini. La charité imposée de la Pensée est une atteinte à la liberté individuelle, comme le seront probablement un jour les « bonnes œuvres » d'un Saint Paul ou d'un Augustin. Que de résultats diamétralement opposés au but poursuivi n'a-t-on enregistré au cours de l'humaine épopée; on s'en est trop préoccupé, au plus grand détriment de l'effort lui-même. Au lieu de cultiver son propre jardin, on a piétiné les parterres d'autrui ; on a greffé d'étranges et exotiques fruits à des consciences qui, abandonnées à leur sève sans mélange, eussent rendu de savoureuses récoltes. A Dieu ne plaise, qu'il faille ignorer les « victoires » scientifiques ou sociales, la ruée des peuples vers la conquête de la Nature. Il faut contempler à distance et s'écartant un peu, obtenir de justes proportions. L'acteur et le spectateur ne sauraient cumuler leurs fonctions au théâtre de la Vie, mais bien s'en tenir à leur rôle respectif. On aperçoit d'ailleurs trop de velléités d'assumer ce rôle d'action qui en impose à autrui, pas assez d'abstentions de celui de spectateur, qui s'inspire lui-même.

LXIX

Il existe, autour de toute unité mentale, une zone fluide, plus ou moins dense, qui est le produit du rayonnement de la Pensée; comme chaque feuille, comme chaque goutte d'eau diffère d'une autre, il ne s'est jamais présenté, à aucune époque, deux entités intellectuelles semblables. C'est la raison pour laquelle les hommes ne se comprennent qu'à demi. Nous sommes éternellement seuls dans la vie, a dit Maupassant; j'ajouterai que c'est le gage le plus sûr de bonheur, car c'est aussi une garantie d'indépendance. Ce qu'on qualifie d'amitié ou de sympathie n'est en somme, qu'un état d'intrusion ou d'usurpation. C'est la pénétration d'une pensée dans une autre, souvent, la domination d'une pensée par une autre, au détriment égal des deux. Dans l'amitié il y a symptôme de défaillance spirituelle, recherche de concours mutuel dans l'âpre lutte, où les intenses joies ne peuvent être réellement goûtées que dans la libre solitude de l'esprit. Dans les affinités secrètes qui poussent les hommes les uns vers les autres il entre l'élément inconscient d'un péril imaginaire commun. L'instinct de sociabilité présuppose quelque danger extérieur. Mais pourquoi, dira-t-on, ceux-ci s'unissent-ils, par voie d'élection irraisonnée, précisément à ceux-là ? Quel invisible aimant les attire-t-il ? Mystère. La physiologie, d'ailleurs, n'a point dit son dernier mot. Toujours est-il qu'on invoque volontiers, dans l'affirmation de ces liens subtils, d'incompréhensibles prédestinations.

Les émouvants tableaux de la Légende et les beaux récits de l'Histoire, où d'illustres amitiés rivalisèrent d'héroïsme avec d'illustres amours, nous transportent dans les pays du rêve, dans les sphères élevées de l'abnégation. Trop élevées, dirons-nous, pour inspirer une conduite humaine, la seule que nous dicte la Pensée agissante et ordonnée. Si l'homme pouvait se maintenir dans l'hypnose d'une vie supérieure, remplacer la Pensée par l'Imagination ou la Foi, s'abîmer dans l'héroïsme et les désintéressements, survoler le Monde, sans que les feux d'un soleil ardent fondent la cire de ses ailes, il éprouverait une émotion de beauté, il serait peut-être l'interprète de célestes messages. Mais *il ne serait plus homme* et sa punition en serait grande, car c'est « l'humanité » de l'homme, qui seule, peut procurer les jouissances, que ne saurait longtemps lui offrir de décevantes promiscuités ou de supra-terrestres extases.

LXX

Ayons le courage spirituel de nous résoudre à cultiver la féconde réalité ; et ne nous élevons point trop haut pour retomber trop bas. A chaque vie suffit sa peine. Le Génie n'est, à tout prendre, qu'une expression très vivante de la réalité ; il tire sa sève des racines les plus profondes du sol et puise aux sources souterraines les éléments de sa magnifique envolée. Comme l'artiste qui pose tour à tour son regard, tantôt sur la toile réceptive et tantôt sur l'original donnant, le Génie crée sa vie d'un contour réel de lignes, d'un coin réel de feuillage frissonnant, d'un bout de cœur réellement ulcéré. Cette vision même est réelle sans qu'il y ait besoin de l'exprimer ou de la matérialiser ; chacun de nous la possède à des degrés plus ou moins nets selon le jeu plus ou moins intense de la Pensée. Entre nous et l'ambiance qui nous paraît insensible il y a sympathie opérante et directe, et nous vivons pour autant que nous faisons revivre les choses muettes qui nous entourent ; il nous appartient de rendre à ces choses l'âme qu'elles semblent avoir perdue en des temps très anciens. La Pensée et l'Objet, tels deux pôles électriques opposés, font jaillir à leur contact, la flamme subite d'une vision éternelle. Mais l'homme passe, dans la course folle de la vie, immédiatement à côté des choses comme quelqu'un qui, mû par un ressort secret, avancerait le regard fixe, insensible à tous les appels, jusqu'au moment où le ressort cessera de fonctionner. Esclave volontaire, il n'aura point goûté aux âpres joies de la révolte, ni respiré les senteurs du jasmin qui bordait sa monotone route. Soumis aux voix prohibitives du dehors qui règlent sa destinée, il ne foule, docile, que les dalles de la voie publique. Ceci est défendu, lui crie-t-on, cela est permis; ceci est mal, cela est bien. Que ne voit-on qu'il n'y a ni bien, ni mal dans la réalité? Il y a ce qui profite ou ce qui nuit. Or, il n'existe pas un « bien » officiel qui n'ait nui, pas un « mal » officiel qui n'ait fait profiter. Le médiocre est seul haïssable, et le médiocre a envahi le monde; le médiocre, cette absence de Pensée, habitude imposée, classification acceptée, automatisme de l'Esprit, négation de l'Effort.

LXXI

L'Amitié des choses que l'on néglige, vaut davantage que l'amitié des hommes, que l'on recherche. Celle-là est stable et profonde, elle développe le sens imaginatif, donne libre cours à la Pensée, encourage l'effort subtil, et ne suscite pas de nuisibles ingérences. Celle-ci, au contraire, est d'essence instable, de qualité superficielle, de résultat désappointant, et l'effort tenté comporte de périlleuses immixtions. Toute belle chose est une exception ; tout homme, sauf de rares exemples, est une généralité. Man is shallow. L'homme n'est intéressant qu'à lui-même, à titre d'instrument perfectible et, à ce point de vue, il possède, — nous ne cessons de le dire — des trésors d'une variété infinie. C'est de l'égoïsme bien compris que découle, au surplus, le respect des sentiments du prochain, le principe d'une solitude noble et, en somme, la quasi-certitude de ne trouver ailleurs qu'un bout de terrain mal cultivé, alors qu'on voudrait y découvrir des mondes. L'interrogatoire, si sympathisant fût-il, de l'homme ne vaut guère celui des choses, et les réponses, si franches soient-elles, dépassent rarement un même niveau uniforme qui dispense de tout effort et décourage le questionneur le plus subtil. Soulevez-vous le voile d'une âme qui souffre, d'un cœur désabusé et transi, ou d'un esprit qui se recherche, vous n'y découvrez, à coup sûr, que les éléments connus d'une même souffrance, d'une même désillusion et d'une même curiosité. Vous les possédez en vous, — ou à peu près, — tous ces universels éléments de douleur ou de joie, dont la mise en valeur est votre plus précieux legs. Un homme ne se distingue guère, à tout prendre, d'un autre : même mise en scène, même comédie ou tragédie ; on assiste, chez autrui, à un spectacle éternellement pareil. Mais pour peu que l'on descende en son propre for intérieur, on est frappé de la merveilleuse diversité des sentiments, des mobiles et des gestes que le cœur anime ou que la pensée suscite. Une vie ne suffit pas pour cette analyse et pour cette vendange, et l'on se trouve, promeneur silencieux en une féerique ambiance de quelque fond d'Océan, où il suffit de baisser la main pour recueillir des perles, dans les entrailles de quelque terre inexplorée où brillent, dans les parois, des pépites d'or.

Il en est autrement des choses. Interrogez-les, vivifiez-les, faites couler dans leurs veines le sang le plus pur de votre Pensée. Abandonnez-vous au prestige surprenant des vieilles choses, lourdes d'histoire, évocatrices du Passé. Insufflez-leur l'haleine de votre Esprit ; elles ne vous décevront jamais, car l'âme qui les ressuscite, c'est la vôtre que vous leur prêtez. Il y a de la vérité à se trouver face à face avec elles, en directe communication ; il jaillit de la beauté de cet échange de sublimes murmures ; il ne peut y avoir là d'injustice ou de préjugés. Demandez-leur de vous confier ce qu'il y a de meilleur en vous ; reconstituez leur vie afin qu'elles puissent vous dire ce que vous êtes, votre origine, l'essence lointaine de votre réalité. Elles vous diront des secrets insoupçonnés et vous confirmeront dans la dignité du silence vis-à-vis des hommes.

LXXII

Celui qui n'a pas consulté les recoins de l'Attique, ses pierres et ses ruines parlantes. ses pins vert clair et sonores, ses plages grises baignées par une mer de saphir et d'émeraude, ses collines aux harmonieux contours, celui-là. dis-je, aura peine à concevoir la plénitude de ces doux et féconds entretiens. Il émane de chaque pierre des effluves d'antique majesté, des confidences d'artistique grandeur. L'olivier millénaire, majestueux et bienveillant aïeul, vous y conte des témoignages recueillis aux lèvres de Platon ; aux profonds défilés du Parnès, où la brise se joue dans les pins, l'écho module toujours des notes étouffées de la flûte de Pan, dieu sournois et lascif, et les rocs retentissent du son des buccines de Thrasybule, le héros ; la trace des anciens chars sur les dalles de la Voie Sacrée redit la théorie gracieuse qui portait en triomphe vers Eleusis, Dionysos, l'enfant chéri des dieux. Et le soir, des flancs du Pentélique ne voit-on pas dans le poudroiement d'or qui couronne Salamine, un choc illustre de trirèmes et les débris d'une flotte barbare fuyant, ses voiles rousses déployées, vers l'Orient ? Alors que le jour tombe sur l'Attique, et que la croupe de l'Hymette se teint de ce rose délicat qu'aucun pinceau ne saurait traduire, écoutez les voix discrètes qui semblent monter de ce sol auguste entre tous et peupler une solitude. Elles vous diront — pour peu que vous les laissiez dire — les fables des Dieux, l'épopée des Héros, lorsque

> ...La terre, où l'homme errait sous la tente, inquiet
> Des empreintes de pieds de géant qu'il voyait,
> Était encor mouillée, et molle du déluge...

elles évoqueront la Conception du Vrai et le Rêve marmoréen réalisé par quelques hommes libres; elles vous inspireront ce « mystérieux contentement de vivre », loin des promiscuités d'institutions imposées et de servitudes admises, dans la silencieuse fraternité d'un culte unique d'Art et de Beauté. C'est dans ce sens qu'elle vous amèneront vers l'autel commun au pied duquel s'agenouillent les enfants d'une seule patrie, et votre filiation vous semblera désormais plus céleste et plus claire lorsque vous sentirez que vous participez à ce pacte d'union, tacite et sacré.

LXXIII

Le culte du Silence s'orne de fleurs sans cesse renouvelées et jonchées sur le Seuil. Elles couvrent le parvis qui monte de la place publique au Saint des Saints, sanctuaire inviolé. Au lever du soleil ou à la tombée du jour entrez, pour vos matines ou vos vêpres, dans l'intime tabernacle où luit la flamme qui jamais ne s'éteint et interrogez tout bas, à la lueur de l'éternel flambeau, quelque objet familier d'un autre âge, abandonnez-vous à ses confidences et à ses aveux. Il vous dira, rien qu'à vous seul, privilégié que vous êtes, son secret. Et la statuette d'Égypte, la figurine gracieuse de Tanagra, le vieux vase émaillé de Chine, l'armure damasquinée d'or ou le ciboire ciselé avec amour, vous conteront de merveilleux contes de batailles et d'adorations. En eux est l'histoire de l'humanité souffrante ou triomphante, en eux les supplices et les résurrections. Loin, bien loin des multitudes vaines et de leurs fastidieux propos se trouve l'asile obscur des Consolations : il est à la fois humble comme l'étable où naquit Jésus et splendide comme le temple de Salomon. Il a l'inconnu de la gloire et la gloire de l'inconnu. Il ressemble à cette île heureuse et déserte où nous abordâmes un jour de printemps.

LXXIV

C'était un cône dressant sa pointe dans le ciel céruléen surmonté d'un marbre effrité et roussi, où l'artiste avait modelé quelque penseur antique méditant dans sa chaise curule, face à la mer. De tous côtés, les pentes du cône s'émaillaient de buissons en pelote d'un vert ardent comme les élytres de scarabées des tropiques, tandis que surgissaient, de leur milieu, des tiges droites couronnées de fleurs d'un jaune éclatant et doré. Les flots bleu sombre, presque noirs, baignaient cette symbolique vision, noyée dans une fine poussière azurée et le soleil concentrait dessus ses rayons, telle une gerbe de bénédictions. Devant moi, s'estompaient dans le lointain les silhouettes des monts d'Eubée; derrière la côte d'Attique se dentelait — de Sunium à Marathon — de criques bleues et de gris promontoires où des hameaux de pêcheurs rappelaient, seuls, le fourmillement de pygmées humains. La mer, pavée de saphirs et d'onyx, enchâssait cette île tel un châton précieux; et de cette solitude vivante et riche montait avec l'air tiédi, comme un encens, l'hymne immortel et païen, qui n'est ni une action de grâces, ni une prière, mais une affirmation sereine du Beau. Cet hymne était ainsi conçu : « Je suis la Demeure Enchantée. Ma beauté attriste et soulage à la fois, car elle appelle la Pensée, à laquelle je confierai la peine et la joie qui se fondent par moi dans le creuset d'une volupté unique et sûre. Je suis le temple de cette paix profonde, dont Area fit don à l'Esprit inquiet des Siècles et j'accorde, à la faveur de cette paix, la faculté admirative à celui qui interroge mon oracle ; drapée dans ma robe d'azur et de pierreries, je réponds, en mon fastueux et digne apparat, à tout spirituel effort et à tout appel spontané. Je suis la source des Solitaires Contemplations où chaque mortel à le libre droit de puiser aux trésors terrestres et de désaltérer sa soif aux rêveries ineffables. Pure de tout alliage dégradant, et de toute sollicitude vaine, je restitue au centuple les parfums brûlés sur mon Autel par la Pensée dévote et subtile. Je suis le Séjour du Silence que n'interrompt jamais l'anxiété du vulgaire. Sous mon dais tissé d'azur éternel s'accomplissent les rites de l'interrogatoire muet que me font subir les Élus. Je suis le Temple de la Rébellion tacite. Car tout effort en ce monde est un acte de révolte, toute question hardie comporte une œuvre de désobéissance. Que le daïmôn intime, dont la puissance soulève les montagnes, conspire, sans relâche, contre les coupables abandons et les félicités oisives, et que dans sa recherche active de Beauté, il communie sans trêve avec l'essence des choses depuis l'heure précoce où paraît l'Aube sur la terre fleurie jusqu'à l'heure tardive où, dans ses glorieux flamboiements, le soleil descend sur l'horizon... »

. . . .
. . . .
. . . .

LXXV

Les voix se taisent à cette heure, noyées dans un fracas de mitraille. La pensée, en ces jours sinistres, est à la remorque du glaive, la plume au service du canon. L'humanité s'est scindée en deux, précipitée dans l'abîme des alternatives, déchue dans l'enfer des partialités. Son œuvre lente de progrès artistique et moral subit non pas un temps d'arrêt, mais, peut-être, un siècle de recul spirituel. C'est un spectacle en vérité surprenant que celui qui se présente à nos yeux sous forme d'invocations à des déités tutélaires spéciales devant s'entremettre pour une partie de l'humanité contre l'autre, comme au temps où Israël tirait sa gloire et sa protection de son Iahvé familier et jaloux. Le cénacle même des dieux est scindé par l'homme, alors que le symbole de la Force est seul invocable. Quelques pharisiens de la Pensée veulent asservir à des fins douteuses le patrimoine spirituel commun sous prétexte de culture supérieure ; des scribes plus ou moins obscurs accumulent dossier sur dossier où ils exposent, en de spécieuses apologies, la justification de leurs crimes et de leurs destructions, et rejettent sur la partie adverse les responsabilités d'une honteuse agression. L'unité individuelle se fond dans la collectivité militaire ; l'impartiale conscience est troublée dans ce qu'elle a de plus précieux : son objectivité. Vers quelles étranges fins se dirigent, en ces temps d'universelle détresse, les destinées humaines ?

Où allons-nous ? Telle est la question qui se pose, terrifiant problème, à l'esprit. Jamais le Pensieroso n'aura-t-il agité dans son cerveau de plus hideux rêves, jamais n'aura-t-il tant pleuré sur les ruines de la Cité.

Mortels, parlez plus bas, l'écho de la souffrance
N'est pas encore éteint dans ce marbre qui dort...

Prends ma main, ô Pensée maîtresse du Monde, et guide-moi un instant dans les régions de l'avenir qui s'ouvre devant nous ; chasse loin de moi, ô Sereine, les venimeux effluves de la partialité.

On a dit : « The best things have to die and be reborn. — Les meilleures choses doivent mourir et naître à nouveau. » — Serions-nous parvenus au seuil d'une mort et d'une renaissance ? A chaque époque de crise, l'humanité ne s'est soutenue, au cours de ses plus grandes épreuves, qu'en vertu de cette « prescience de retour », qui fut sa suprême consolation et sa raison de vivre. Cette « prescience de retour », — qu'on la nomme foi ou espérance — ne s'est, d'ailleurs, jamais démentie jusqu'ici. Toute chose a eu son effet, chaque événement a été productif. Il y a dans l'âme humaine un sentiment indéracinable de continuité et d'optimisme justifiés. Les cataclysmes soudent plus qu'ils ne séparent les phases diverses et consécutives de l'histoire ; la Mort même ne serait qu'une passerelle insignifiante d'une Vie à une autre. Tout présent contient, en germe, le futur. La subsistance du Mal et du Laid est une garantie du maintien du Bien et du Beau. Or, en cette heure, où les Nations combattent pour la destruction d'un militarisme insensé, pour la sauvegarde de la liberté menacée du Monde, prévoient-elles le mal nouveau qui se substituera sans doute au militarisme détruit, aperçoiventelles l'hydre qui lèvera ses mille têtes derrière la Bastille écroulée ? Qui sait ce que cette liberté, une fois acquise, nous réserve de douleurs imprévues, de décevantes illusions ? L'humanité y gagnera-t-elle au change ? N'importe ; pour bâtir mieux et plus solide, il faut plus complètement détruire, et l'immuable loi veut que pour mieux goûter la sérénité du sourire il convient de s'être abreuvé à la coupe amère des larmes.

LXXVI

A la lassitude des veillées guerrières succèdera le repos souhaité ; le vaste champ de carnage, arrosé de sang, semé de croix humbles et votives, va revoir la charrue et la herse, la chaumière sera reconstruite. Mais ces demeures abriteront-elles désormais une fraternité franche, ces laboureurs, soldats d'hier, retrouveront-ils en eux la dignité de l'oubli, la noblesse du pardon ? Si l'on peut croire que l'on se serrera les mains ici, ce sera pour les desserrer ailleurs. L'unité d'action, si malaisée déjà en temps de guerre, bien que visant un but supérieur et défini — la destruction de l'ennemi — n'est plus possible en temps de paix, alors que le but est indéfinissable et que trop d'intérêts se heurtent dans le Monde. On a voulu parer à l'absence d'unité par l'équilibre, éviter le choc par l'opposition de deux forces égales ; on n'a pas su découvrir ces balances de précision. Pense-t-on que le nouvel équilibre sera plus heureux que l'ancien et qu'un décagramme ajouté d'un côté, un milligramme enlevé de l'autre égalisera les poids contraires ? Il arrivera toujours à un moment donné qu'un des plateaux sera plus lourd que l'autre, qu'un des groupements se croira, à tort ou à raison, le plus fort et voudra profiter de ses avantages. Ne nous berçons pas d'illusions, ne nous exagérons pas les malheurs de la Guerre et, de même, n'exaltons pas les bienfaits de la paix. Le plus modéré et le mieux équilibré des hommes, le plus libéral et, en somme, le plus pacifique — Jules César — n'en fut pas moins le premier capitaine de tous les temps. Tant que l'unité ne sera pas affirmée, on ne se passera point de la guerre, qui est une réalité dont on doit tirer profit ; et cette unité ne se manifestera qu'au jour, combien éloigné, où les intérêts ne se heurteront plus, où les nations auront atteint un même niveau de civilisation. Qui sait si, ce niveau atteint, l'humanité ne pleurera pas un jour sur les maux de la paix, comme elle gémit aujourd'hui sous les souffrances de la guerre ?

La civilisation dont on parle tant, c'est le sens profond de la mesure en toutes choses et dans chaque manifestation de la vie ; en politique c'est la modération, en religion — la tolérance, en art — la sobriété et l'harmonie des couleurs ou des lignes, dans l'existence journalière, c'est la simplicité. Elle est le résultat d'une expérience séculaire et de nombreuses hérédités. A en juger d'après les outrageantes diatribes qui s'échangent entre les diverses nations, l'humanité n'en prend guère en ce moment le chemin le plus direct. Tel homme qui se croit civilisé n'est qu'imitatif; il lui manque ce sens profond qui fait de la civilisation une seconde nature. Il en est de même des nations. Celles qui composent ce que nous dénommons la vieille Europe se meuvent sur des paliers différents de l'escalier ascensionnel; mutuellement, elles ne se connaissent point et ne sauraient se comprendre. Certaines possèdent une plus longue expérience et, par conséquence, un commencement d'appréciation des valeurs qui dirigent leur vie. La plupart se targuent d'un vernis superficiel qui cache à peine toutes les brutalités. Quoi qu'en dise le Germain, l'esprit d'organisation dont il se vante et qu'on ne saurait lui nier, n'est pas un élément de civilisation. Il est un trait du caractère de la race. Le crime du Germain c'est de vouloir l'imposer à autrui ; cela est un attentat à la civilisation et la preuve la plus flagrante, sans qu'il y ait lieu d'en chercher d'autres, d'infériorité.

On ne peut dire d'aucune nation qu'elle possède cet élément impondérable qui a nom « Morale ». La collectivité n'a eu jusqu'ici que des intérêts ou, plutôt, ce qu'elle a cru être ses intérêts. Elle a vécu de fausses vérités et de consolantes illusions ; elle vivra un jour de Morale, elle lui bâtira des temples qu'elle renversera pour les remplacer par d'autres. Pour l'instant, que l'individu se pénètre de la réalité des choses et qu'il y puise tous les dons et tous les trésors. Qu'il utilise sa Pensée vers un perfectionnement continu ; qu'il respecte la propriété spirituelle du voisin. C'est la façon la plus sûre de « s'aimer les uns les autres », selon la formule du plus parfait des hommes. Quel que soit le partage de chacun, nous avons tous la même raison, si incomprise et si insoupçonnée de vivre. Car quel que soit le lieu sacré vers lequel se reportent nos pauvres rêves, — la Palestine ou l'Iran, l'Inde ou l'Arabie, — tous tant que nous sommes, pèlerins d'une même idée, nous nous dirigeons, le sac au dos et le bâton à la main, vers une même Cité — la Morale.

Loutraki 1917.

IMPRIMÉ

PAR

PHILIPPE RENOUARD

19, rue des Saints-Pères

PARIS

www.ingramcontent.com/pod-product-compliance
Ingram Content Group UK Ltd.
Pitfield, Milton Keynes, MK11 3LW, UK
UKHW022049190726
13855UKWH00002B/449

9 782013 274630